Hour Reserve

per hour are charged 24 hours a day
any to mutilate library material or to
oid fees for misreturned mater
LY to the dropbox at the Re

UE

SU

NIN   ERIALS:
ce in   ok drop to
move this checkout from
your record   FIN

CONTEMPORARY

Italy

A SELECTIVE BIBLIOGRAPHY

CONTEMPORARY
Italy
A SELECTIVE BIBLIOGRAPHY

CONTEMPORARY
Italy
A SELECTIVE BIBLIOGRAPHY

Clara M. Lovett

LIBRARY OF CONGRESS   WASHINGTON   1985

Library of Congress Cataloging in Publication Data

Lovett, Clara Maria, 1939–
    Contemporary Italy.

    Includes indexes.
    Supt. of Docs. no.: LC 1.12/2:Itl
    1. Italy—Civilization—1945–   Bibliography.
I. Title.
Z2360.3.L68 1985 [DG451]   016.945092   84–600233
ISBN 0–8444–0473–X

Frontispiece: Pictorial Italy, 1951
                da Imago Italiae del Prof. G. De Agostini
                Disegni di Vs. Nicoùline
                Geography and Map Division,
                Library of Congress

For sale by the Superintendent of Documents, U.S. Government
Printing Office, Washington, D.C. 20402

Contents

Preface

This bibliography consists of approximately thirteen hundred titles of books and monographs about contemporary Italy—that is, Italy from 1945 to the present. I have included a selection of works available in the collections of the Library of Congress and published in Italy or in other countries between 1978 and 1983. Pre-1978 imprints were included only when the works were of general interest and broad scope or, in the case of some monographs, when no recent substitutes were available. Nearly 90 percent of the entries are in Italian, with a scattering of works in other major Western languages. For ease of consultation by American readers, the English-title items are found in a separate section of the bibliography. However, titles in French, German, Russian, and other languages have been interfiled with Italian-language materials.

The bibliography is organized topically (see table of contents), with a subject and an author index. The indexing terms do not necessarily correspond with those found in *Library of Congress Subject Headings*. Although I used the official subject headings to search by subject in the Library's computerized catalogs and to identify possible entries, I have departed from these headings whenever it seemed to be in the interest of potential users to do so.

The audience for whom this work is intended consists of academic researchers in the humanities and social sciences but also of a much larger number of nonacademic analysts and policymakers who deal professionally with Italian affairs. Precisely because potential nonacademic users are three or four times more numerous than academic ones, I have been concerned with identifying the most recent works available for each subject covered in the bibliography. For the same reason, I have emphasized social science more than history, literature, or science. In the case of history, I have included several general surveys of the postwar period and some more specialized ones, e.g., on various aspects of Italian Fascism, that seemed particularly useful to an understanding of contemporary issues. In the section on literature, I have included only works of literary criticism or literary history which the reader can use as guides to major contemporary Italian authors and literary issues. As for science and technology, I have emphasized those works, primarily of a general nature, that are directly related to social, economic, and environmental issues.

The more numerous and more specialized social science works that are represented in the bibliography have been selected, again, with potential users in mind. But both the selection and the subject organization inevitably reflect also the nature of scholarship and publishing about contemporary Italy. Thus, for instance, the section on economics includes only a handful of works about Italian agriculture but scores of works about various aspects of Italian industry. This is so because Italian agriculture employs only about 10 percent of the adult workforce and represents a very small percentage of the GNP. Therefore, it tends to be slighted by economists, politicians, and journalists alike. Similarly, the sections on women's issues, health care, and labor organizations, though they may appear disproportionately long, reflect accurately the current concerns of Italian authors and publishers, who in turn are responding to the concerns of the public.

This work was planned and nearly completed during my tenure as chief of the European Division at the Library of Congress. At the planning stage, I profited from the expert advice of Dana J. Pratt and James B. Hardin of the Library's Publishing Office and of David H. Kraus, bibliographer *sans pareil*, then assistant chief of the European Division. At the editing and typing stage, I received invaluable help from Helen E. Saunders, also of the Library's European Division. My husband, Benjamin F. Brown, suggested numerous titles which I might otherwise have missed and also read the entire work for style and content. All of these persons deserve thanks for their contribution. They should not be held responsible for any errors, which are mine alone.

Clara M. Lovett
May 1984

General Works. Italy, 1945–1983

1. ACQUAVIVA, SABINO et al. Ritratto di famiglia degli anni '80. Roma and Bari, Laterza, 1981. viii, 302 p.   HQ630.R57

2. ADDARIO, NICOLÒ. Una crisi di sistema: economia, classi sociali e politica in Italia, 1960–1976. Bari, De Donato, 1982. 205 p.   HC305.A6415 1982

3. ALBERONI, FRANCESCO. Fuori o dentro l'Europa. Milano, Mondadori, 1978. 189 p.   HN475.5.A65

4. ALFASSIO GRIMALDI, UGOBERTO. Principi senza scettro: storia dei partiti politici italiani. Milano, Sugarco, 1978. 279 p.   JN5651.A6

5. ALIBONI, ROBERTO et al. La società italiana: crisi di un sistema. Milano, Angeli, 1981. 637 p.   HN480.S62 1981

6. AMBROSOLI, LUIGI. La scuola italiana dal dopoguerra ad oggi. Bologna, Il mulino, 1983. 525 p.   LA791.82.A64 1982

7. Gli anni del cambiamento: il rapporto sulla situazione sociale del paese dal 1976 al 1982. Milano, Angeli, 1982. 412 p.   HN475.5.A67 1982

8. Anno santo 1983, itinerari turistico-religiosi: carte stradali d'Italia. Roma, Ministero del turismo e dello spettacolo, 1983. 1 map.   G6711.E635 1983

9. ARBASINO, ALBERTO. In questo stato. Milano, Garzanti, 1978.   DG579.M63A8 1978

10. ASOR ROSA, ALBERTO. Le due società. Ipotesi sulla crisi italiana. Torino, Einaudi, 1977.   DG581.A86

11. Atlante delle province d'Italia. Roma, Visceglia piante guide carte, 1981. 1 atlas.   G1989.21.F7V5 1981

1

12. Atlante delle regioni d'Italia. Roma, Visceglia piante guide carte, 1982. 1 atlas.   G1989.20.V5 1982

13. BARTOLI, DOMENICO. Gli anni della tempesta: alle radici del malessere italiano. Milano, Editoriale nuova, 1981. 230 p.
                                                                                  DG581.B37 1981

14. BATALLER, JUAN CARLOS. Cómo y por que sobrevivi Italia. Buenos Aires, Hachette, 1983. 179 p.   DG581.B38 1983

15. BECHELLONI, GIOVANNI. La macchina culturale in Italia. Bologna, Il mulino, 1974.   DG451.B365

16. BIAGI, ENZO. Il buon paese. Milano, Mondadori, 1982. 220 p.
                                                                                  DG451.B5 1982

17. BIAGI, ENZO. Strettamente personale. Milano, Rizzoli, 1979. 307 p.   DG577.5.B5 1979

18. BIAGI, ENZO and SCALFARI, EUGENIO. Come andremo a incominciare? Milano, Rizzoli, 1981. 187 p.   JN451.B418

19. BOCCA, GIORGIO. In che cosa credono gli italiani? Milano, Longanesi, 1982. 165 p.   DG442.B62 1982

20. BOCCA, GIORGIO. Miracolo all'italiana. Milano, Feltrinelli, 1980. 169 p.   HN475.5.B62 1980

21. BONACINA, GIANNI. Lo stivale in bottiglia: piccola enciclopedia dei 3811 vini italiani. Brescia, AEB, 1978. 3 v.   TP546.B66 1978

22. BONITO OLIVA, ACHILLE. Artisti italiani contemporanei, 1950–1983. Milano, Electa, 1983. 107 p.   N6918.A818 1983

23. BORTOLOTTI, LANDO. Storia della politica edilizia in Italia: proprietà, imprese edili e lavori pubblici dal primo dopoguerra ad oggi (1919–1970). Roma, Editori riuniti, 1978. 320 p.
                                                                                  HD9715.I82B67

24. BOTTERO, AMELIA. Nostra signora la moda. Milano, Mursia, 1979. 318 p.   TT504.6.I8B67

25. BRUNETTA, GIAN PIERO. Storia del cinema italiano. 1895–1945. Roma, Editori riuniti, 1979. 624 p.   PN1993.5.I88B75

26. CALVI, GABRIELE. Valori e stili di vita degli italiani: indagine psicografica nazionale. Milano, ISEDI, 1978. 248 p.   DG451.C34

27. CANOSA, ROMANO. Storia del manicomio in Italia dall'unità a oggi. Milano, Feltrinelli, 1979. 245 p.   RC450.I8C36

28. Carta stradale e autostradale d'Italia. Novara, Istituto geografico De Agostini, 1980. 4 maps on 1 sheet.   G6711.P2 1980.I6

29. CECCHINI, VINCENZO. L'Italia nella stretta. Milano, Pan, 1978. 161 p.   DG577.5.C42

30. CEDERNA, CAMILLA. Nostra Italia del miracolo. Milano, Longanesi, 1980. 222 p.   DG450.C42

31.   CEDERNA, CAMILLA. Viaggio nei misteri d'Italia. Milano, Mondadori, 1983.   Not in LC Collections

32.   CESARI, MAURIZIO. La censura in Italia oggi (1944–1980). Napoli, Liguori, 1982. 205 p.   Z658.I8C47 1982

33.   CONTI, CLAUDIO. Il drama uniforme: per una teoria della vita quotidiana. Bologna, Il mulino, 1979. 530 p.   HM251.C74

34.   COTTA, MAURIZIO. Classe politica e parlamento in Italia, 1946–1976. Bologna, Il mulino, 1979. 376 p.   JN5535.C67 1979

35.   COUPRY, FRANÇOIS. Les italiens d'aujourd'hui. Paris, Balland, 1980. 187 p.   DG451.C68

36.   Cultura politica e partiti nell'eta della Costituente. Bologna, Il mulino, 1979. 2 v.   JN5451.C84

37.   DANEO, CAMILLO. Breve storia dell'agricoltura italiana, 1860–1970. Milano, Mondadori, 1980. 237 p.   HD1970.D36

38.   DE MAURO, TULLIO. Storia linguistica dell'Italia unita. Roma and Bari, Laterza, 1976. 2 v.   PC1087.M3 1976

39.   DOGO, GIULIANO. Guida artistica d'Italia. Milano, Electa, 1979. 388 p.   N6911.D57 1979

40.   FALCO, LUIGI. Natura, monumenti, ambiente: la legislazione di tutela dal 1865 alle regioni. Torino, Celid, 1979. 166 p.   LAW

41.   FERRETTI, GIAN CARLO. Il mercato delle lettere: industria culturale e lavoro critico in Italia dagli anni cinquanta a oggi. Torino, Einaudi, 1979. viii, 248 p.   DG451.F47

42.   FISICHELLA, DOMENICO. La giostra del potere: partiti e istituzioni nel vortice della crisi. Milano, Editoriale nuova, 1981. 125 p.   DG581.F56

43.   GALLI DELLA LOGGIA, ERNESTO et al. It trionfo del privato. Roma and Bari, Laterza, 1980. vii, 278 p.   HN475.T74

44.   GARRUCCIO, LUDOVICO. Italia senza eroi. Milano, Rusconi, 1980. 268 p.   DG577.5.G38

45.   GUALERNI, GUALBERTO. Lo stato industriale in Italia, 1890–1940. Milano, ETAS libri, 1982. 186 p.   HC305.G764 1982

46.   GUARINI, RUGGERO. Punto e a capo. Milano, Garzanti, 1977. 320 p.   DG577.5.G8

47.   GUERRI, ROBERTO et al. Il blocco di potere nell'Italia unita. Milano, Teti, 1980. 395 p.   DG441.S76 vol. 14 [DG551]

48.   LEVI, ARRIGO. Un'idea dell'Italia. Milano, Mondadori, 1979. 414 p.   DG577.5.L48

49.   MAGI, PIERO. Italia purtroppo. Pisa, Pacini, 1977. 203 p.   DG577.M312

50. MANACORDA, GIULIANO. Storia della letteratura italiana contemporanea, 1940–1975. Roma, Editori riuniti, 1977. xiv, 538 p.
PQ4088.M274 1977

51. MARENCO, MARIO. Los puťanados. Milano, Rizzoli, 1980. 131 p.
PN6205.M3447

52. NEGRI ZAMAGNI, VERA. Lo Stato italiano e l'economia: storia dell'intervento pubblico dall'unificazione ai giorni nostri. Firenze, Le Monnier, 1981. vii, 119 p.   HD3616.I82N43 1981

53. PACI, MASSIMO. La struttura sociale italiana: costanti storiche e trasformazioni recenti. Bologna, Il mulino, 1982. 277 p.
HM131.P223 1982

54. PISCOPO, UGO. Paese sommerso: realtà italiana dei giorni nostri. Palermo, Palumbo, 1980. 532 p.   HN475.P54 1980

55. PIZZIGALLO, MATTEO. Alle origini della politica petrolifera italiana (1920–1925). Milano, Giuffrè, 1981. vii. 332 p.
HD9575.I82P58

56. QUAGLIETTI, LORENZO. Storia economico-politica del cinema italiano, 1945–1980. Roma, Editori riuniti, 1980. 260 p.
PN1993.5.I88Q28 1980

57. RONZA, ROBI. Italia, Italia: prima nota per un bilancio parziale. Milano, Jaca book, 1978. 245 p.   DG451.R66 1978

58. RUFFILLI, ROBERTO. L'unità d'Italia e lo Stato liberale. Firenze, Le Monnier, 1981. vii, 99 p.   JN5385.R83 1981

59. SCIASCIA, UGO. Crescere insieme oltre capitalismi e socialismi: rifondazione culturale dall'Italia, per l'Europa, al mondo. Napoli, Edizioni dehoniane, 1977. 159 p.   HN16.S338

60. SPADOLINI, GIOVANNI. Chiesa e Stato dal Risorgimento alla Repubblica. Firenze, Le Monnier, 1980. vii, 106 p.   BR876.S6

61. Storia dell'agricoltura italiana. Milano, ETAS libri, 1976. 403 p.
S469.I8S76

62. Storia della sanità in Italia: metodo e indicazioni di ricerca. Roma, Il pensiero scientifico, 1978. xiv, 311 p.   RA507.S76

63. Lo sviluppo della società italiana nei prossimi anni. Roma, Bardi, 1978. xx, 310 p.   HM24.A28 1978

64. TOBAGI, WALTER. Il coraggio della ragione: (scritti 1964–1980). Milano, [s.n.], 1981. 266 p.   JN5451.T58

65. TURRI, EUGENIO. L'Italia ieri e oggi: una rivisitazione fotografica. Novara, Istituto geografico De Agostini, 1981. 127 p.
DG420.T87 1981

66. VALLI, VITTORIO. L'economia e la politica economica italiana dal 1945 ad oggi. Milano, ETAS libri, 1982. 241 p.
HC305.V28 1982

67. VIOLANTE, SANTE. Pensiero politico e sviluppo economico in
     Italia (1861–1900): antologia e saggi. Napoli, Morano, 1977. 238 p.
     HB109.A2V55

68. WIESER, THEODOR. Zuinnerst die Piazza: Begegnungen mit Ital-
     ien. Zurich, Verlag Neue Zurcher Zeitung, 1981. 152 p.
     DG430.2.W53

69. ZAPPONI, NICCOLÒ. I miti e le ideologie: storia della cultura
     italiana, 1870–1960. Napoli, ESI, 1981. 250 p.   DG450.Z33 1981

Statistical Handbooks and Reports

70. BETTAZZONI, SERGIO. Demografia e ricerca socio-economica. Roma, La goliardica, 1978. 302 p.   HB3599.B45

71. CASELLI, GRAZIELLA. Le differenze territoriali di mortalità in Italia: tavole di mortalità provinciali. Roma, Istituto di demografia, 1980. 167 p.   HB49.R6 no. 32 [HB1429]

72. Classificazione delle attività economiche. Roma, Istituto centrale di statistica, 1981. 215 p.   HC303.I67 1981

73. Classificazione delle professioni. Roma, Istituto centrale di statistica, 1981. 288 p.   HB2689.I77 1981

74. Conti economici nazionali, 1960–1978 (nuova serie): dati analitici. Roma, Istituto centrale di statistica, 1979. 52 p.
                    HC305.C675925 1979

75. Convegno sul tema problemi di popolazione, realtà attuali e prospettive: (Roma, 13 giugno 1980). Roma, Accademia nazionale dei Lincei, 1981. 133 p.   HB849.C68 1980

76. DE MEO, GIUSEPPE. Sintesi statistica di un ventennio di vita economica italiana (1952–71). Roma, Istituto centrale di statistica, 1973. viii, 219 p.   HC305.M393

77. DI COMITE, LUIGI. L'invecchiamento della popolazione. Bari, Cacucci, 1980. 96 p.   HB3599 D53 1980

78. Elezioni amministrative dal 1975 al 1980: elezioni dei consigli regionali, provinciali e comunali. Roma, Istituto centrale di statistica, 1981. 96 p.   JS5787.E44 1981

79. Elezioni della Camera dei deputati, del Senato della Repubblica, del Parlamento europeo, 3-10 giugno 1979: dati sommari. Roma, Istituto centrale di statistica, 1980. 100 p.   JN5609.I84 1980

80. GOLINI, ANTONIO. Bibliografia delle opere demografiche italiane (1966–1972). Roma, Università di Roma, Facoltà di scienze statistiche, demografiche ed attuariali, 1973. xxv, 308 p.
Z7164.D3G64 [HB3599]

81. Indagine sulla struttura delle aziende agricole, 1977. Roma, Istituto centrale di statistica, 1979. 221 p.   HD1970.I8 1979a

82. Indici dei prezzi al consumo per le famiglie di operai e impiegati (già indici del costo della vita), 1861–1980. Roma, Istituto centrale di statistica, 1981. 123 p.   HB235.I78I518 1981

83. Istruzioni per la rilevazione statistica del movimento della popolazione. Roma, Istituto centrale di statistica, 1981. 59 p.
HA1363.A25 n. 21

84. Istruzioni per le rilevazioni delle statistiche giudiziarie. Roma, Istituto centrale di statistica, 1980. 62 p.   HA1363.A25 n. 19

85. LIVI BACCI, MASSIMO. Introduzione alla demografia. Torino, Loescher, 1983. 439 p.   HB849.4.L59 1983

86. MENEGHETTI, LODOVICO. Popolazione e territorio. Milano, Clup, 1979. 83 p.   HT391.M4

87. Una metodologia di raccordo per le serie statistiche sulle forze di lavoro. Roma, Istituto centrale di statistica, 1979. 51 p.
HA1363.A27 n. 56 [HD5711]

88. Numeri indici dei prezzi dei prodotti venduti e dei beni acquistati dagli agricoltori: base 1976 = 100. Roma, Istituto centrale di statistica, 1981. 37 p.   HD1970.I7 1981

89. Numeri indici del costo di costruzione di un fabbricato residenziale: base 1976 = 100. Roma, Istituto centrale di statistica, 1981. 29 p.   HD9715.I82I78 1981

90. Numeri indici delle retribuzioni contrattuali: base 1975 = 100. Roma, Istituto centrale di statistica, 1979. 149 p.   HD5034.I73 1979

91. Occupati per attività economica e regione, 1970–1980. Roma, Istituto centrale di statistica, 1981. 106 p.   HB689.O33 1981

92. Popolazione residente e presente dei comuni: censimenti dal 1861 al 1971. Roma, Istituto centrale di statistica, 1977. 2 v.
HB3599.I84 1977

93. Rapporto sulla popolazione in Italia. Roma, Istituto della Enciclopedia italiana, 1980. 150 p.   HB3599.R36

94. I redditi delle aziende agrarie italiana: dati strutturali ed economici, 1974. Bologna, Il mulino, 1978. 107 p.
HD9015.I8R35 1978

95. Ricerche sul mercato del lavoro: indagine ISFOLCISP sullo stato degli studi sul mercato del lavoro in Italia. Roma, ISFOL, 1981. 294 p.   HD5784. R5 1981

96.   Rilevazioni campionarie delle forze di lavoro. Roma, Istituto centrale di statistica, 1978. 62 p.   HD5784.I65 1978

97.   Sommario di statistiche storiche dell'Italia 1861–1975. Roma, Istituto centrale di statistica, 1976. xxxvii, 187 p.   HA1365.I85 1976

98.   SONNINO, EUGENIO. Aspetti e problemi di demografia sociale e di politica della popolazione in Italia. Roma, Università di Roma, Istituto di demografia, 1979. 109 p.   HB399.S639

99.   Spesa pubblica per la formazione professionale in Italia. Roma, Istituto per lo sviluppo della formazione professionale dei lavoratori, 1981. 215 p.   LC1047.825.I8S63

100.   Tendenze e prospettive demografiche per la popolazione di Roma: possibili riflessi sui fabbisogni abitativi. Roma, Edizioni delle autonomie, 1980. 69 p.   HB2270.R65I77 1980

Legal Codes and Manuals

101. ALBAMONTE, ADALBERTO. Il controllo dell'attività edilizia. Roma, Edizioni delle autonomie, 1980. 359 p.   LAW

102. ALBISETTI, GIAMPAOLO and CELATA, LUCIANO. L'appalto per l'esecuzione di opere pubbliche. Roma, NIS, 1982. 231 p.   LAW

103. AMATO, GIULIANO et al. Una Costituzione per governare: la "grande riforma" proposta dai socialisti. Venezia, Marsilio, 1981. 130 p.   LAW

104. AMOROSINO, SANDRO. Pubblici poteri, organizzazione del territorio, questione edilizia. Venezia, Marsilio, 1981. 150 p.   LAW

105. AMOROSO, RENATO. La legge sul consultorio: garanzia di libertà. Milano, Longanesi, 1979. 212 p.   LAW

106. ASTORRI, STEFANO. Struttura e funzioni dei servizi amministrativi delle unità sanitarie locali. Roma, NIS, 1982. 216 p.
    TD579.A87 1982

107. BACCI, ROMANO. L'esercizio del commercio: rapporti tra esercenti, polizia e fisco; norme di polizia amministrativa, disciplina delle tasse sulle concessioni governative, concessioni comunali. Palermo, Grafiche Farina, 1979. 267 p.   LAW

108. BELVEDERE, ROLANDO. Diritti e doveri dei detenuti: la riforma penitenziaria. Roma, Armando, 1981. 94 p.   LAW

109. BONITO, VINCENZO. La nuova disciplina giuridica delle armi. Firenze, Olimpia, 1982. 574 p.   LAW

110. CALAMIA, ANTONIO MARCELLO. Ammissione ed allontanamento degli stranieri. Milano, Giuffrè, 1980. 308 p.   JX4261.C16

111. CARETTI, PAOLO. Ordinamento comunitario e autonomia regionale: contributo allo studio delle incidenze del diritto internazionale sui poteri delle regioni. Milano, Giuffrè, 1979. 375 p.   LAW

112. CARTELLA, MASSIMO. La protezione del nome commerciale straniero in Italia. Milano, Giuffrè, 1978. xii, 253 p. LAW

113. CAVALLO, BRUNO. Manuale di diritto pubblico dell'economia. Milano, Giuffrè, 1983. xii, 576 p. LAW

114. COCIVERA, BENEDETTO. Guida alla nuova disciplina delle imposte dirette. Milano, Giuffrè, 1982. 1783 p. LAW

115. Codice civile: con la Costituzione e principali leggi speciali: aggiornato al 30 giugno 1981. Milano, Giuffrè, 1981. vi, 927 p. LAW

116. Codice dell'ambiente. Milano, Giuffrè, 1977. 2 v. LAW

117. Codice delle cooperative: commentato con ampie note di giurisprudenza, dottrina, bibliografia e prassi amministrativa: disciplina civilistica, regime fiscale, leggi speciali. Milano, Pirola, 1982. xv, 1000 p. LAW

118. Codice delle leggi amministrative. Milano, Giuffrè, 1982. 2 v. LAW

119. Codice delle leggi forestali: norme statali. Milano, Giuffrè, 1983. vi, 626 p. LAW

120. Codice delle leggi sanitarie. Milano, Giuffrè, 1980. viii, 1430 p. LAW

121. Codice delle leggi sui lavori pubblici. Milano, Giuffrè, 1979. 2 v. LAW

122. Codice di pubblica sicurezza: ad uso degli appartenenti ai corpi di polizia e degli enti locali territoriali: raccolta legislativa con indice sistematico analitico-alfabetico. Rimini, Maggioli, 1981. 910 p. LAW

123. Codice elettorale. Torino, UTET, 1981. xvi, 683 p. LAW

124. Codice penale annotato con la dottrina e la giurisprudenza. Torino, UTET, 1982. 2 v. LAW

125. Codice tributario. Milano, Giuffrè, 1979. iv, 648 p. LAW

126. CUTRERA, ACHILLE and ITALIA, VITTORIO. Codice dell'urbanistica. Milano, Giuffrè, 1982. Multivolume work, in progress. LAW

127. DE SANCTIS RICCIARDONE, ANGELA. L'ideologia nei rapporti privati. Napoli, Jovene, 1980. xx, 328 p. LAW

128. DI AMATO, ASTOLFO. Il segreto bancario. Napoli, ESI, 1979. 298 p. LAW

129. DI CERBO, FERNANDO. L'autoregolamentazione dello sciopero. Milano, Giuffrè, 1980. vii, 165 p. LAW

130. DI PIETRO, ADRIANO. Le imposte nella riforma tributaria. Bologna, Pàtron, 1979. 143 p. LAW

131. I diritti del soldato: introduzione e commento alla legge sui principi della disciplina militare. Milano, Feltrinelli, 1978. 175 p.   LAW

132. EMANUELE, EMMANUELE. L'esecuzione esattoriale. Milano, Giuffrè, 1981. 118 p.   LAW

133. Enciclopedia del diritto. Milano, Giuffrè, 1981. Multivolume work, in progress.   LAW

134. FANTOZZI, AUGUSTO. Imprenditore e impresa nelle imposte sui redditi e nell'IVA. Milano, Giuffrè, 1982. viii, 242 p.   LAW

135. FERRARO, GIOVANNI. La disciplina tributaria delle società cooperative e loro consorzi. Milano, Giuffrè, 1982. iv, 349 p.   LAW

136. FRATTAROLO, VITTORIO. Lo sport nella giurisprudenza. Padova, Cedam, 1979. ix, 542 p.   LAW

137. FROSINI, VITTORIO. Il diritto nella società tecnologica. Milano, Giuffrè, 1981. 332 p.   K487.T4F76

138. GIANNINI, GENNARO. La responsabilità per i danni dalla circolazione dei veicoli. Milano, Giuffrè, 1982. 179 p.   LAW

139. GIANNITI, FRANCESCO. Prospettive criminologiche e processo penale. Milano, Giuffrè, 1981. vii, 300 p.   LAW

140. Giustizia costituzionale, giustizia amministrativa. Torino, UTET, 1981. viii, 220 p.   LAW

141. GRACCHUS. Guerre fiscali: privilegio, diseguaglianza e corporativismo nel sistema fiscale italiano. Bari, De Donato, 1980. 171 p.
HJ2765.G7

142. IACUANIELLO BRUGGI, MARIA. Il contratto di trasporto. Torino, UTET, 1979. xi, 546 p.   LAW

143. Imposte dirette e tasse sugli affari. Milano, Giuffrè, 1981. 710 p.
LAW

144. Le imposte dirette, indirette, contenzioso tributario: manuale per commercialisti e operatori tributari. Milano, Sipiel, 1978. xix, 777 p.   LAW

145. ITALIA, VITTORIO. Le leggi speciali. Milano, Giuffrè, 1981. ix, 136 p.   LAW

146. JANNUZZI, ANGELO. I reati nella legislazione sulla stampa: rassegna di giurisprudenza. Milano, Giuffrè, 1978. 359 p.   LAW

147. LAMBERTI, ALFONSO. Sport e diritto. Roma, Società stampa sportiva, 1980. 448 p.   LAW

148. LAURIA, FELICETTA. Le compagnie portuali nel diritto interno e comunitario. Milano, Giuffrè, 1981. viii, 162 p.   LAW

149. LECCISOTTI, MARIO. Politiche dell'impresa e sistema tributario. Napoli, Liguori, 1980. 143 p.   HD2753.I7L42

150. Legislazione ospedaliera vigente. Milano, Pirola, 1978. 284 p.
      LAW

151. MACRÌ, CARLO. La legge antimafia: commento per articolo della
      L. 646/1982 integrata dalle LL. 726 e 936/1982. Napoli, Jovene,
      1983. xi, 369 p.   LAW

152. MARANI TORO, ALBERTO. Codice dello sport. Milano, Giuffrè,
      1982. 2 v.   LAW

153. MAYR, SIEGFRIED. Besteuerung der Unternehmen in Italien.
      Köln, Bundesstelle für Aussenhandelsinformation, 1979. 188 p.
      LAW

154. MAZZOCCA, ANTONIO. La responsabilità civile: con particolare
      riferimento alla circolazione stradale: sintesi istituzionale e
      giurisprudenziale. Milano, Pirola, 1981. 184 p.   LAW

155. MAZZONI HONORATI, MARIA LUISA. Il referendum nella pro-
      cedura di revisione costituzionale. Milano, Giuffrè, 1982. vii,
      167 p.   LAW

156. MILITERNI, INNOCENZO. L'equo canone nella giurisprudenza:
      raccolta sistematica di dottrina e delle sentenze della Cassazione e
      dei giudici di merito. Napoli, Jovene, 1981. xix, 457 p.   LAW

157. MILITERNI, INNOCENZO. La nuova legge elettorale. Aggiorna-
      mento al maggio 1983. Napoli, Jovene, 1983. 55 p.   LAW

158. MILITERNI, INNOCEZNO. La nuova legge elettorale: ineleg-
      gibilità, incompatibilità, decadenza. Napoli, Jovene, 1982. xi,
      289 p.   LAW

159. MODOLO, GIANCARLO. Verifiche tributarie: irregolarità ed eva-
      sioni fiscali. Milano, Pirola, 1980. 391 p.   LAW

160. MONTIERI, MARIA LUISA. Circolazione stradale: lineamenti di
      diritto e giurisprudenza. Milano, Pirola, 1979. 151 p.   LAW

161. MORONI, SILVIO. Guida fiscale del professionista e degli altri
      lavoratori autonomi. Milano, Giuffrè, 1979. xi, 497 p.   LAW

162. Nuove norme per l'accelerazione delle procedure in materia di
      opere pubbliche. Roma, Edizioni delle autonomie, 1979. 219 p.
      LAW

163. Il nuovissimo codice delle imposte dirette. Torino, Finanze e lav-
      oro, 1978. xxxvii, 519 p.   LAW

164. PAOLOZZI, GIOVANNI. La tutela processuale del segreto di Stato.
      Milano, Giuffrè, 1983. 525 p.   LAW

165. PERRONE CAPANO, RAFFAELE. Imposizione e inflazione: tributi
      nominali, garanzie del sistema, tributi reali. Napoli, Jovene, 1979.
      xi, 188 p.   LAW

166. POTITO, ENRICO. L'ordinamento tributario italiano. Milano,
      Giuffrè, 1978. 775 p.   LAW

167. PREDA, MICHELE. Normativa fiscale e gestione bancaria. Milano, Giuffrè, 1981. x, 202 p.   LAW

168. PROTETTI, CESARE AUGUSTO. Il giornalismo nella giurisprudenza. Padova, Cedam, 1980. xi, 738 p.   LAW

169. Regole di comportamento nel sistema delle partecipazioni statali. Milano, Angeli, 1981. 727 p.   HD3616.I83R43

170. ROSSI, RAFFAELE. La cooperativa di conduzione agraria: premessa per una nozione giuridica autonoma. Napoli, Jovene, 1979. xii, 176 p.   LAW

171. ROTELLI, ETTORE. Costituzione e amministrazione dell'Italia unita. Bologna, Il mulino, 1981. 418 p.   LAW

172. ROTILI, BRUNO. La tutela penale delle cose di interesse artistico e storico. Napoli, Jovene, 1978. xvi, 273 p.   LAW

173. SACCHETTINI, EUGENIO. Lo straniero in Italia: guida legale: soggiorno, residenza, cittadinanza, lavoro e impresa, proprietà immobiliare, rapporti di locazione, disposizioni penali, circolazione stradale, obblighi fiscali. Milano, Pirola, 1980. 191 p.   LAW

174. SANDULLI, ALDO M. Manuale di diritto amministrativo. Napoli, Jovene, 1982. 2 v.   LAW

175. SANDULLI, ALDO et al. Problemi giuridici dell'informazione: atti del XXVIII Convegno nazionale di studio: Roma, 9-11 dicembre 1977. Milano, Giuffrè, 1979. 257 p.   LAW

176. Sanità pubblica. Torino, UTET, 1981. 2 v.   LAW

177. SATTA SALVATORE. Diritto processuale civile. Padova, Cedam, 1981. xlvii, 1054 p.   LAW

178. SCOZZAFAVA, OBERDAN TOMMASO. I beni e le forme giuridiche di appartenenza. Milano, Giuffrè, 1982. 608 p.   LAW

179. STEGAGNINI, BRUNO. Le rappresentanze militari. Firenze, Laurus, 1981. 157 p.   LAW

180. TRIMELONI, MARIO. L'interpretazione nel diritto tributario. Padova, Cedam, 1979. viii, 312 p.   LAW

181. VIGNA, PIERO LUIGI and BELLAGAMBA, GIANNI. Armi, munizioni, esplosivi: disciplina penale e amministrativa. Milano, Giuffrè, 1981. 509 p.   LAW

182. VINCI, CALOGERO. La famiglia e il fisco: i rapporti familiari nelle leggi tributarie con richiamo alle norme civilistiche. Milano, Pirola, 1982. xix, 250 p.   LAW

The Political System
(Comprehensive Works)

183. ALLUM, PETER ANTHONY. L'Italia tra crisi ed emergenza. Napoli, Guida, 1979. 192 p.   DG577.5.A43

184. AMATO, GIULIANO et al. Attualità e attuazione della Costituzione. Roma and Bari, Laterza, 1979. 279 p.   JN5451.A94

185. AMATO, GIULIANO. Una repubblica da riformare: il dibattito sulle istituzioni in Italia dal 1975 a oggi. Bologna, Il mulino, 1980. 226 p.
LAW

186. ANDREOTTI, GIULIO. Diari 1976–1979: gli anni della solidarietà. Milano, Rizzoli, 1981. 366 p.   DG579.A5A33

187. ANDREOTTI, GIULIO et al. Pluralismo dei cattolici in politica? Roma, Borla, 1979. 108 p.   BX1396.4.P55

188. L'arcipelago democratico: organizzazione e struttura dei partiti negli anni del centrismo (1949–1958). Roma, Bulzoni, 1981. 2 v.
JN5651.A7

189. ARMAROLI, PAOLO. L'elezione del Presidente della Repubblica in Italia. Padova, Cedam, 1977. xi, 416 p.   JN5611.A75

190. BAGET BOZZO, GIANNI. Aldo Moro: il politico nella crisi, 1962–1973. Firenze, Sansoni, 1983. 570 p.   DG579.M63B33
1983

191. BAGET BOZZO, GIANNI. L'elefante e la balena: cronache del compromesso e del confronto. Bologna, Cappelli, 1979. 336 p.
JN5451.B27

192. BARBAGLI, MARZIO et al. Fluidità elettorale e classi sociali in Italia, 1968–1976. Bologna, Il mulino, 1979. 181 p.   JN5607.F57
1979

193. BARRESE, ORAZIO et al. L'Anonima DC: trent'anni di scandali da Fiumicino al Quirinale. Milano, Feltrinelli, 1977. 293 p.
JN5657.D43B37

194. BASSETTI, PIERO. Occidente scomodo: la DC dopo Moro e la crisi italiana. Firenze, Vallecchi, 1978. xix, 111 p.   DG581.S24

195. BATTAGLIA, ADOLFO. Le politiche dei partiti e la politica di governo. Roma and Bari, Laterza, 1979. vi, 163 p.   DG577.5.B37

196. BERTUZZI, ALBERTO. Disobbedisco! la disobbedienza civica in democrazia. Milano, Mondadori, 1983. 223 p.   LAW

197. BETTINELLI, ERNESTO. All'origine della democrazia dei partiti. Milano, Edizioni di comunità, 1982. 405 p.   JN5611.B47 1982

198. BETTINI, ROMANO. Burocrazia comunale e società in Italia. Roma, Carucci, 1982. 379 p.   JS5727.B47 1982

199. BIANCHI, GIANFRANCO. L'Italia dei ministeri: lo sfascio guidato. Roma, Editori riuniti, 1981. 206 p.   JN5451.B42

200. BONAFEDE, GIULIO. Democrazia e demagogia: riflessioni sulla presente situazione italiana. Palermo, Herbita, 1979. 262 p.
DG577.5.B66

201. BORRELLI, MICHELE. Politische Bildung in Italien: Revolution und Konterrevolution. Stuttgart, Metzler, 1979. 289 p.
JA88.I8B67 1979

202. BRUSA, CARLO. Georgrafia elettorale nell'Italia del dopoguerra. Milano, Edizioni UNICOPLI, 1983. xvi, 163 p.   JN5607.B78
1983

203. CALISE, MAURO and MANNHEIMER, RENATO. Governanti in Italia: un trentennio repubblicano, 1946–1976. Bologna, Il mulino, 1982. 172 p.   JN5451.C24 1982

204. CALVI, GABRIELE. La classe fortezza: scelte degli elettori e responsabilità della classe politica in Italia. Milano, Angeli, 1980. 240 p.   JN5611.C34

205. CAMPOPIANO, GUIDO. Memoria di accusa contro l'onorevole Giovanni Leone ed altri scritti sull'affare Lockheed. Milano, Sugarco, 1978. 243 p.   HD9711.U63L634

206. CASALEGNO, CARLO. Il nostro Stato. Milano, Bompiani, 1978. xxxviii, 312 p.   DG577.5.C37

207. CASTOLDI, LUIGI. Fanfani, e se avesse ragione? Milano, EEM, 1978. 285 p.   DG579.F3C39

208. CERVI, MARIO. La piovra corporativa: vizi e misfatti della perversione burocratica e clientelare. Milano, Editoriale nuova, 1978. 141 p.   JN5641.C47

209. CIANCIARUSO D'ADAMO, CARMINA. Profilo di un presidente: Giulio Andreotti, pilota della crisi. Napoli, Società editrice napoletana, 1979. 103 p.   DG579.A505

210. CIAURRO, GIAN FRANCO. Le istituzioni parlamentari. Milano, Giuffrè, 1982. 313 p.   LAW

211. COMPAGNA, LUIGI. Garantismo e democrazia. Napoli, ESI, 1980, 167 p.   JN5451.C62

212. CORBETTA, PIERGIORGIO et al. Mobilità senza movimento: le elezioni del 3 giugno 1979: saggi. Bologna, Il mulino, 1980. 160 p.
JN5609.M6 1980

213. CORRADINI, DOMENICO. Ideologie e lotte politiche nell'Italia contemporanea. Pisa, ETS, 1979. 132 p.   JN5651.C64 1979

214. CRAXI, BETTINO. Lotta politica. Milano, Sugarco, 1978. 318 p.
HX289.C72

215. CRAXI, BETTINO. Un passo avanti. Milano, Sugarco, 1981. 190 p.
DG581.C69

216. La cultura della resa. Milano, Edizioni dello scorpione, 1976. 169 p.   DG451.C79

217. DAMATO, FRANCESCO. Il colle più alto: fatti e misfatti dei presidenti della Repubblica. Milano, Sugarco, 1982. 204 p.
DG577.D34 1982

218. D'AURIA, ELIO. Gli anni della "difficile alternativa": storia della politica italiana 1956–1976. Napoli, ESI, 1983. 440 p.
JN5451.D33 1983

219. DEL PENNINO, ANTONIO. Quali autonomie? Roma, Edizioni delle autonomie, 1981. 183 p.   JS5735.D45 1981

220. DE LUCA, MAURIZIO et al. Tutti gli uomini dell'Antilope. Milano, Mondadori, 1977. xiii, 212 p.   HD9711.U63L642

221. DI GIULIO, FERNANDO and ROCCO, EMMANUELE. Un Ministro-ombra si confessa. Milano, Rizzoli, 1979. 156 p.
JN5657.C63D548

222. FEDELE, MARCELLO. Classi e partiti negli anni '70. Roma, Editori riuniti, 1979. 271 p.   JN5655 1979.F43

223. FERRARESI, FRANCO. Burocrazia e politica in Italia. Bologna, Il mulino, 1980. 270 p.   JN5511.F47 1980

224. FISICHELLA, DOMENICO. Elezioni e democrazia: un'analisi comparata. Bologna, Il mulino, 1982. 318 p.   JF1001.F53 1982

225. GALLI, GIANCARLO. Benedetto Bettino. Milano, Bompiani, 1982. 175 p.   HX288.C76G34 1982

226. GALLI, GIORGIO. La destra in Italia. Milano, Gammalibri, 1983. 214 p.   JN5451.G28 1983

227. GHERARDI, GABRIELE. Dopo la contestazione: un itinerario critico verso il riformismo. Bologna, FDB, 1982. 173 p.
DG577.5.G5 1982

228. GIARDINI, DIANA. Politica e amministrazione nello stato fondato sul decentramento. Milano, Giuffrè, 1981. xii, 260 p.
JN5477.D4G52 1981

229.   GIGLIO, TOMMASO. Berlinguer, o, il potere solitario. Milano, Sperling and Kupfer, 1982. 218 p.   JN5657.C63G53 1982

230.   GONELLA, GUIDO. Il codice di comportamento della DC. Roma, Logos, 1982. 59 p.   JN5657.D43G65 1982

231.   GUIDICINI, PAOLO. La partecipazione, l'uomo e la città. Brescia, La scuola, 1978. 103 p.   HT145.I8G82

232.   INGRAO, PIETRO et al. Il partito politico e la crisi dello Stato sociale: ipotesi di ricerca. Bari, De Donato, 1981. 268 p.   JN5655 1981

233.   JEMOLO, ARTURO CARLO. Questa repubblica: dal '68 alla crisi morale. Firenze, Le Monnier, 1981. xxxi, 397 p.   DG577.5.J45 1981

234.   LOMBARDO, ANTONIO. Democrazia cristiana e questione nazionale: la nuova nazionalizzazione delle masse. Milano, Sugarco, 1981. 127 p.   JN5657.D43L65

235.   LUPI, GIANCARLO. Il crollo della grande coalizione: la strategia delle élites dei partiti (1976–1979). Milano, Sugarco, 1982. 133 p.   JN5451.L85 1982

236.   MATTEUCCI, NICOLA. Il liberalismo in una democrazia minacciata. Bologna, Il mulino, 1981. 129 p.   JC599.I7M37

237.   MAZZOLARI, PRIMO. Il coraggio del "confronto" e del "dialogo." Bologna, Edizioni dehoniane, 1979. 325 p.   BX1396.4.M38

238.   MILANI, SERGIO. Compagno Pertini: dalla fuga di Leone all'elezione di Pertini: i retroscena e i fatti. Roma, Napoleone, 1978. 131 p.   DG581.M54

239.   MUREDDU, MATTEO. Il Quirinale dei presidenti. Milano, Feltrinelli, 1982. 267 p.   DG578.M87 1982

240.   PACIFICI, GIORGIO. Il costo della democrazia: i partiti italiani attraverso i loro bilanci. Roma, Cadmo, 1983. 246 p.   JN5651.P33 1983

241.   PALERMO, IVAN. Condanna preventiva: cronaca di un clamoroso caso giudiziario che si vuol dimenticare, "il 7 aprile." Napoli, Pironti, 1982. 161 p.   HV6433.I8P34 1982

242.   PANKIEWICZ, WOJTEK ADALBERTO. Finanziamento pubblico dei partiti. Milano, Giuffrè, 1981. viii, 110 p.   JN5651.P356

243.   PANNELLA, MARCO. Io, Marco Pannella al parlamento. Napoli, Ceci, 1979. 168 p.   DG581.P37 1979

244.   PANNELLA, MARCO. Scritti e discorsi, 1959–1980. Milano, Gammalibri, 1982. 659 p.   JN5657.R2P36 1982

245.   PIZZORNO, ALESSANDRO. I soggetti del pluralismo: classi, partiti, sindacati. Bologna, Il mulino, 1980. 296 p.   JN5651.P57 1980

246. La politica nell'Italia che cambia. Milano, Feltrinelli, 1978. 375 p.
DG577.5.P64

247. QUARANTA, GIANCARLO. Governabilità e democrazia diretta: una ricerca sulle possibili risposte alla crisi italiana. Bari, De Donato, 1981. 218 p.   JN5455 1981.Q35

248. QUARANTA, GIANCARLO. La politica della cultura: manifesto della rivoluzione culturale. Bologna, EDB, 1978. 141 p.   DG451.Q37

249. RIZZO, FRANCO. Dal mito dello Stato al moderno principe. Milano, Giuffrè, 1978. 204 p.   JN5657.C63R587

250. RONCHEY, ALBERTO. Chi vincerà in Italia?: la democrazia bloccata, i comunisti e il "fattore K." Milano, Mandadori, 1982. 190 p.
DG581.R66 1982

251. ROSSI, GIANNI and LOMBRASSA, FRANCESCO. In nome della "loggia": le prove di come la massoneria segreta ha tentato di impadronirsi dello Stato italiano: i retroscena della P2. Roma, Napoleone, 1981. 189 p.   HS613.R67 1981

252. ROTELLI, ETTORE. La non riforma: le autonomie nell'età dei partiti. Roma, Lavoro, 1981. 220 p.   JS5733 1981

253. RUGGERI, ANTONIO. Il Consiglio dei ministri nella Costituzione italiana. Milano, Giuffrè, 1981. vii, 408 p.   LAW

254. SACCO, LEONARDO. Il cemento del potere: storia di Emilio Colombo e della sua città. Bari, De Donato, 1981. 243 p.
DG579.C58S2 1982

255. SARTORI, GIOVANNI. Teoria dei partiti e caso italiano. Milano, Sugarco, 1982. ii, 337 p.   JN5651.S323 1982

256. SCANDALETTI, PAOLO. La fine del compromesso. Venezia, Marsilio, 1979. 171 p.   DG581.S28

257. SELVA, GUSTAVO. La moglie di Cesare: GR2-P2, i retroscena, con nomi e fatti, di una storia italiana (1975–1982) fra politica e giornalismo. Milano, Sugarco, 1982. 285 p.   PN5247.R3S45 1982

258. SENSINI, ALBERTO. L'inverno della Repubblica: viaggio nel dibattito sulle istituzioni. Milano, Sugarco, 1983. 223 p.   JN5451.S46
1983

259. SPADOLINI, GIOVANNI. Fra terza via e terza forza. Roma, Edizioni della Voce, 1981. 200 p.   HX294.S67

260. SPADOLINI, GIOVANNI. L'Italia dei laici: lotta politica e cultura dal 1925 al 1980. Firenze, Le Monnier, 1980. x, 445 p.
DG571.S597

261. STAME, FEDERICO. Movimenti e istituzioni nella crisi. Roma, Savelli, 1979. 140 p.   JN5657.C63S8

262. Stato e senso dello Stato oggi in Italia. Milano, Vita e pensiero, 1981. 253 p.   JN5211.S85 1981

263. TASSANI, GIOVANNI. Alle origini del compromesso storico: i cattolici comunisti negli anni '50. Bologna, Edizioni dehoniane, 1978. 302 p.   BX1396.4.T37

264. UBOLDI, RAFFAELLO. Il cittadino Sandro Pertini. Milano, Rizzoli, 1982. 200 p.   DG575.P44U26 1982

265. VESPA, BRUNO. E anche Leone votò Pertini: cronaca di un settennato incompiuto, di una crisi e di una elezione presidenziale. Bologna, Cappelli, 1978. 126 p.   DG581.V47

266. ZANONE, VALERIO. Diario liberale. Roma, L'Opinione, 1979. 189 p.   JN5657.L5Z36

267. ZUCCONI, GUGLIELMO. La paga del deputato: i reportage-confessione dal palazzo del potere. Milano, Rusconi, 1978. 222 p.
                                                        DG581.Z8

The Political System
(Special Topics)

A. *International Relations and International Trade*

268. Gli accordi di Osimo: lineamenti introduttivi e testi annotati. Trieste, LINT, 1979. xi, 360 p.   JX1551.Z7Y833

269. ALBONETTI, ACHILLE. Gli Stati Uniti e il PCI: da Kissinger a Carter. Roma, Circolo stato e libertà, 1978. 63 p.   E183.8.I8A42

270. ATTINÀ, FULVIO. La politica internazionale contemporanea (1945–1980). Milano, Angeli, 1983. 394 p.   D843.A748 1983

271. BANDINI, FRANCO. Gli italiani in Africa: storia delle guerre coloniali (1882–1943). Milano, Mondadori, 1980. 425 p.   DT35.5.B36
                                                                          1980

272. BATTISTELLI, FRANCO et al. Dove va l'America: la politica estera degli Stati Uniti e l'Italia durante gli anni settanta. Milano, Feltrinelli, 1980. 168 p.   E183.8.I8D68

273. BURESTI, CORRADO et al. L'Italia e i paesi mediterranei in via di sviluppo: effetti dell'allargamento della CEE. Milano, Angeli, 1981. 194 p.   HF1550.15.M418

274. CHITI-BATELLI, ANDREA. La sinistra italiana, i sindacati e l'Europa. Manduria, Lacaita, 1979. 159 p.   JN5657.C63C5

275. COLANTONI, MARCELLO. Il commercio estero dell'Italia con i paesi dell'OPEC: una indagine statistica dell'interscambio commerciale con i paesi membri dell'organizzazione petrolifera. Milano, Giuffrè, 1979. vi, 92 p.   HF3581.C58

276. COSSUTTA, ARMANDO. Lo "strappo": Usa, Urss, movimento operaio di fronte alla crisi internazionale. Milano, Mondadori, 1982. 200 p.   D843.C586 1982

277. CREMONESE, MASSIMO. La cooperazione italo-araba. Venezia, Marsilio, 1979. 189 p.   HF1550.15.A65C74

278. D'ATENA, ANTONIO. Le regioni italiane e la Comunità economica europea. Milano, Giuffrè, 1981. 134 p.   LAW

279. FOGLIO, ANTONIO. La grande distribuzione europea: mercati, circuiti e tecniche di commercializzazione per il made in Italy. Milano, Angeli, 1980. 468 p.   HF5415.129.F63

280. FOGLIO, ANTONIO. I mercati dell'OPEC: prospettive e tecniche di commercializzazione tra petrolio e made in Italy. Milano, Angeli, 1982. 456 p.   HF3586.5.F63 1982

281. FOGLIO, ANTONIO. Manuale dell'export manager: strumenti e tecniche di penetrazione nei mercati esteri. Milano, Angeli, 1978. 370 p.   HF1009.5.F63

282. FOGLIO, ANTONIO. La nuova Cina: evoluzione politico-economica, mercato, prospettive e tecniche di commercializzazione. Milano, Angeli, 1981. 513 p.   HC427.92.F63

283. FOSCHI, FRANCO. L'emigrazione italiana oggi. Roma, Istituto poligrafico dello Stato, 1978. 139 p.   JV8131.F69

284. GERBI SETHI, MARISA. Imprese italiane di fronte alle esportazioni: ricerca condotta presso il laboratorio di richerche sull'impresa e lo sviluppo di Torino. Milano, Angeli, 1979. 268 p.
HF1009.5.G47

285. GEROSA, GUIDO. L'Italia di Carter. Milano, Mazzotta, 1978. 251 p.   E872.G47

286. GRASSI, FABIO. Gramsci e la critica della diplomazia tradizionale. Lecce, Milella, 1978. 104 p.   HX288.G7G77

287. LOMBARDO, GIUSEPPE. Gli investimenti di capitali esteri in Italia. Milano, Giuffrè, 1980. vii, 211 p.   HG5522.L65

288. MAGNANI, FRANCA. Viaggio di un presidente: la visita di Sandro Pertini nella Repubblica federale di Germania. Milano, Sugarco, 1980. 157 p.   DG499.G4M28

289. MARGIOCCO, MARIO. Stati Uniti e PCI, 1943–1980. Roma and Bari, Laterza, 1981. xii, 327 p.   JN5657.C63M366

290. MARONGIU BUONAIUTI, CESARE. Politica e religioni nel colonialismo italiano (1882–1941). Milano, Giuffrè, 1982. iv, 477 p.
DT35.5.M37 1982

291. MASERA, FRANCESCO. L'Italia e l'economia internazionale. Torino, UTET, 1979. xxiv, 991 p.   HF1549.M353

292. MAZZA, LEONARDO. Profili del tentativo di contrabbando doganale. Napoli, Jovene, 1979. 253 p.   LAW

293.   MIGONE, GIAN GIACOMO. Gli Stati Uniti e il fascismo: alle origini dell'egemonia americana in Italia. Milano, Feltrinelli, 1980. 404 p.
       JX1428.I8M53

294.   MOLA, ALDO ALESSANDRO. L'imperialismo italiano: la politica estera dall'unità al fascismo. Roma, Editori riuniti, 1980. xxx, 245 p.   JV2218.M64

295.   MONGARDINI, CARLO et al. Realtà e immagine della politica estera italiana. Milano, Giuffrè, 1980. vii, 151 p.   DG581.R4

296.   MORVIDUCCI, CLAUDIA. Il Parlamento italiano e le comunità europee. Milano, Giuffrè, 1979. 257 p.   LAW

297.   OLIVI, BINO. Carter e l'Italia: la politica estera americana, l'Europa e i comunisti italiani. Milano, Longanesi, 1978. viii, 244 p.
       E183.8.I8O44

298.   PADOVANI, GIGI. L'Europa a due velocità: Italia e CEE tra Nord e Sud. Torino, Stampatori, 1979. vi, 229 p.   HC241.25.I8P33

299.   La politica italiana di cooperazione allo sviluppo. Milano, Giuffrè, 1983. viii, 309 p.   HC60.P563 1983

300.   La politica mediterranea della CEE. Atti del Convegno internazionale organizzato del Seminario di studi politici e sociali dell'Istituto universitario orientale. Napoli, Editoriale scientifica, 1981. 522 p.   HF1532.935.M4P64

301.   PRONI, RENATO. La corda per impiccarci: i commerci Est-Ovest da Togliattigrad al gasdotto. Milano, Sugarco, 1983. 167 p.
       LC collections
       cataloging in progress

302.   Le relazioni economiche fra l'Italia e l'Argentina. Roma, Veltro, 1979. xxi, 58 p.   HF1550.15.A7C67 1978

303.   SILVA, FRANCESCO. Il mercato italiano dell'auto nel contesto europeo. Milano, Angeli, 1982. 254 p.   HD9710.I82S54 1982

304.   Structures de la production et de l'exportation des vins italiens. Paris, Centre français du commerce extérieur, 1979. 169 p.
       HD9385.I8F7 1979

305.   TROFIMOV, VLADIMIR ALEKSANDROVICH. Italianskii kolonializm i neokolonializm: Istoriia i sovremennost. Moskva, Nauka, 1979. 287 p.   DT35.5.T76

306.   VEDOVATO, GIUSEPPE. Politica estera italiana e scelta europea. Firenze, Le Monnier, 1979. 383 p.   DG498.V42

307.   VRSAJ, EGIDIO. La cooperazione economica internazionale Est-Ovest e Nord-Sud. Trieste, Edizioni Rivista Mladika, 1979. 430 p.
       HF1411.V77

B. *Religion and Politics. Church/State Relations*

308. Alla ricerca di una identità: passato, presente, futuro. Roma, Carucci, 1980. 163 p.   BM322.A44

309. BAGET BOZZO, GIANNI. I cattolici e la lettera di Berlinguer. Firenze, Vallecchi, 1978. 104 p.   BX1396.4.B34

310. BAGET BOZZO, GIANNI. La Chiesa e la cultura radicale. Brescia, Queriniana, 1979. 291 p.   HN37.C3C44

311. BAGET, BOZZO, GIANNI. Ortodossia e liberazione: un'interpretazione di Papa Wojtyla. Milano, Rizzoli, 1981. 217 p.
                                                      BX1378.5.B34 1981

312. BAGET BOZZO, GIANNI. La questione cattolica. Roma, Nuove edizioni operaie, 1978. 191 p.   BX1545.2.Q47

313. BALDUCCI, ERNESTO et al. Dio in pubblico: il dibattito su fede e politica in Italia. Brescia, Queriniana, 1978. 366 p.
                                                      BX1545.2.D56

314. BARBERO, FRANCO. Maestri di nessuno: cristiani di base contro ogni presunzione magisteriale. Torino, Claudiana, 1978. 183 p.
                                                      BX1753.B34

315. BOLOGNINI, FRANCO. I rapporti tra Stato e confessioni religiose nell'art. 8 della Costituzione. Milano, Giuffrè, 1981. viii, 176 p.
                                                      LAW

316. BREZZI, CAMILLO. Il cattolicesimo politico in Italia nel 1900. Milano, Teti, 1979. 258 p.   JN5657.D43B74

317. CAGIATI, ANNIE and DANI, GIANMARCO. Chi sono gli ebrei? Torino, Marietti, 1981. 167 p.   DS143.C34

318. CASTIGLIONE, MIRIAM. I professionisti dei sogni: visioni e devozioni popolari nella cultura contadina meridionale. Napoli, Liguori, 1981. 172 p.   BX1546.P83C37 1981

319. Chiesa ed emarginazione in Italia: censimento delle istituzioni assistenziali collegate con la Chiesa e indagine politica su forme innovative di intervento. Bologna, EDB, 1979. 254 p.
                                                      HV530.C34 1979

320. CUMINETTI, MARIO. Il dissenso cattolico in Italia, 1965–1980. Milano, Rizzoli, 1983. 324 p.   BX1545.2.C85 1983

321. DALLA TORRE, GIUSEPPE. L'attività assistenziale della Chiesa nell'ordinamento italiano: aspetti dogmatici e spunti ricostruttivi. Milano, Giuffrè, 1979. viii, 271 p.   LAW

322. DEL RE, MICHELE CLAUDIO. Culti emergenti e diritto penale. Napoli, Jovene, 1981. xi, 467 p.   K3258.D44 1982

323. DI GIACOMO, MAURIZIO. Destra cottolica verso la restaurazione? Torino, Claudiana, 1979. 135 p.   DG577.5.D53

324. I diritti dell'uomo in Italia e in America latina. Bologna, EMI, 1979. 94 p.   BX1545.2.D57 1979

325. FUMAGALLI CARULLI, OMBRETTA. Società civile e società religiosa di fronte al Concordato. Milano, Vita e pensiero, 1980. xviii, 371 p.   LAW

326. JERVOLINO, DOMENICO. Questione cattolica e politica di classe. Torino, Rosenberg and Sellier, 1979. 137 p.   DG577.5.J47

327. LAI, BENNY. La seconda Conciliazione. Firenze, Vallecchi, 1978. 252 p.   DG581.L34

328. LIVI, LIVIO. Gli ebrei alla luce della statistica. Sala Bolognese, Forni, 1979. 2 v. Reprint.   DS135.I8L58 1979

329. LO GIUDICE, ENZO. La questione cattolica. Milano, Collettivo editoriale librirossi, 1978. 88 p.   BR872.L6

330. LUZZATO, ALDO. Bibliotheca italo-ebraica: bibliografia per la storia degli ebrei in Italia, 1964–1973. Roma, Carucci, 1982. 251 p.
      Z6373.I8L89 1982 [DS135.I8]

331. MAGISTER, SANDRO. La politica vaticana e l'Italia, 1943–1978. Roma, Editori riuniti, 1979. viii, 499 p.   BX1545.2.M33

332. MALGERI, FRANCESCO. Stato e Chiesa in Italia dal fascismo alla Repubblica: aspetti, problemi, documenti. Roma, La goliardica, 1976. 238 p.   BR876.M3

333. MORANDINI, ALBINO. Il prete dei ribelli. Bologna, Cappelli, 1979. 254 p.   BX4705.B879M67

334. MUSSELLI, LUCIANO. Considerazioni sugli istituti delle confessioni acattoliche. Padova, Cedam, 1979. 131 p.   LAW

335. NERI, ERMANNO. . . . e il prete si fece uomo. Rimini and Firenze, Guaraldi, 1974. 219 p.   BX4705.N3965A33

336. NESTI, ARNALDO. Una cultura del privato: morfologia e significato della stampa devozionale italiana. Torino, Claudiana, 1980. 245 p.
      PN5247.C4N47

337. NESTI, ARNALDO. Le fontane e il borgo: il fattore religione nella società italiana contemporanea. Roma, Ianua, 1982. 524 p.
      BX1545.2.N47 1982

338. PANIGATTI, MARIO. Una bella stagione di scrittori cattolici. Milano, Istituto propaganda libraria, 1981. 164 p.
      PN5247.C4P36 1981

339. PELLEGRINO, MICHELE. Il post-Concilio in Italia: aspetti pastorali. Milano, Vita e pensiero, 1979. 111 p.   BX1545.2.P44

340. PENNA, AURELIO and RONCHI, SERGIO. Il protestantesimo: la sfida degli evangelici in Italia e nel mondo. Milano, Feltrinelli, 1981. 273 p.   BX4811.P46

341. PEYROT, GIORGIO. Gli evangelici nei loro rapporti con lo Stato dal fascismo ad oggi. Torre Pellice, Società di studi valdesi, 1977. 40 p.
BX4881.2.P48

342. RIVA, CLEMENTE. Chiesa e società oggi. Roma, Ave, 1979. 91 p.
BX1545.2.R55

343. ROMANO, GIORGIO. Bibliografia italo-ebraica (1848–1977). Firenze, Olschki, 1979. 108 p.   Z6366.R65

344. SCARVAGLIERI, GIUSEPPE. La religione in una società in trasformazione: ricerca empirica. Lucca, Pacini Fazzi, 1978. 269 p.
BX1547.L83S27

345. SORGE, BARTOLOMEO. La Chiesa nell'Italia che cambia. Roma, La Civiltà cattolica, 1982. 287 p.   BX1755.C46 1982

346. SORGE, BARTOLOMEO. La ricomposizione dell'area cattolica in Italia. Roma, Città nuova, 1979. 140 p.   BX1545.2.S67

347. Il testo dell'intesa tra la Repubblica italiana e le Chiese valdesi e metodiste. Torino, Claudiana, 1979. 80 p.   DG577.5.T48

348. TOMMASINI, NICOLA. Folklore, magia, mito o religiosità popolare. Bari, Ecumenica, 1980. 183 p.   BR878.B37T65 1980

349. TRAMONTIN, SILVIO. Profilo di storia della Chiesa italiana dall'unità ad oggi. Torino, Marietti, 1980. 157 p.   BX1545.T65

350. TURONE, SERGIO. La trappola dei miracoli: cronache dell'Italia sommersa: economia occulta, violenza, neo-misticismo, Cosenza, Lerici, 1979. 107 p.   DG581.T87 1979

C. Socialism and Communism

351. ABRUZZESE, ALBERTO. Il fantasma fracassone: PCI e politica della cultura. Roma, Lerici, 1982. 79 p.   HX550.M35A25 1982

352. AMATO, GIULIANO and CAFAGNA, LUCIANO. Duello a sinistra: socialisti e comunisti nei lunghi anni '70. Bologna, Il mulino, 1982. 239 p.
LC collections
cataloging in progress

353. ARBASINO, ALBERTO et al. Il nostro socialismo: contributi per un dibattito aperto. Roma, Napoleone, 1977. 159 p.   HX547.N67

354. ARE, GIUSEPPE. Radiografia di un partito: il PCI negli anni '70: struttura ed evoluzione. Milano, Rizzoli, 1980. 344 p.
JN5657.C63A799 1980

355. ASOR ROSA, ALBERTO et al. Il socialismo diviso. Roma and Bari, Laterza, 1978. 210 p.   HX289.S59

356. BAGET BOZZO, GIANNI et al. I socialisti e la questione cattolica. Roma, Mondoperaio, 1979. xii, 235 p.   HX54.S65 1979

357. BERLINGUER, ENRICO et al. Il PCI e cultura di massa: l'effimero, l'associazionismo e altre cose. Roma, Savelli, 1982. 147 p.
JN5657.C63P39 1982

358. CERRONI, UMBERTO. Logica e società: pensare dopo Marx. Milano, Bompiani, 1982. 161 p.   HX533.C47 1982

359. CRAXI, BETTINO. L'Internazionale socialista. Milano, Rizzoli, 1979. 138 p.   HX11.S62C7

360. CRAXI, BETTINO. Pluralismo o leninismo: il dibattito ideologico nella sinistra italiana e gli interventi. Milano, Sugarco, 1978. 171 p.
HX289.P63

361. DEL NOCE, AUGUSTO. Il cattolico comunista. Milano, Rusconi, 1981. 420 p.   BX1396.4.D38

362. FERRARA, FERNANDO. Le feste e il potere. Roma, Officina, 1983. 169 p.   HX288.5.F47 1983

363. FERRAROTTI, FRANCO. PCI e intellettuali a Bologna. Napoli, Liguori, 1982. 166 p.   JN5657.C63F47 1982

364. GALLUZZI, CARLO. La svolta: gli anni cruciali del Partito comunista italiano. Milano, Sperling and Kupfer, 1983. 263 p.
JN5657.C63G365 1983

365. GHIRELLI, ANTONIO. L'effetto Craxi. Milano, Rizzoli, 1982. 247 p.   DG579.C7G48 1982

366. GIOVANNINI, FABIO. Comunisti e diversi: il PCI e la questione omosessuale. Bari, Dedalo libri, 1980. 205 p.
HX550.S49G56 1980

367. NENNI, PIETRO. Tempo di guerra fredda: diari 1943–1956. Milano, Sugarco, 1981. viii, 790 p.   DG575.N4A34

368. RIZZO, FRANCO. Consenso e istituzioni: il postmarxismo. Napoli, ESI, 1982. 256 p.   JN5657.C63R586

369. RIZZO, FRANCO. Il PCI tra società e istituzioni. Roma, Bulzoni, 1978. 185 p.   JN5657.C63R59

370. SASSOON, DON. Togliatti e la via italiana al socialismo: il PCI dal 1944 al 1964. Torino, Einaudi, 1980. xvi, 405 p.
JN5657.C63S272 1980

371. SPINI, VALDO. I socialisti e la politica di piano (1945–1964). Firenze, Sansoni, 1982. xx, 220 p.   HC305.S6318 1982

372. STRUBEL, MICHAEL, Neue Wege der italienischen Kommunisten: zur Aussen- und Sicherheitspolitik der KPI (1973–1981). Baden-Baden, Nomos Verlagsgesellschaft, 1982. 424 p.
DG577.S867 1982

373. TAMBURRANO, GIUSEPPE. PCI e PSI nel sistema democristiano. Roma and Bari, Laterza, 1978. 248 p.   DG581.T35

374. VIDALI, VITTORIO. Orizzonti di libertà. Milano, Vangelista, 1980. 269 p.   HX288.V45

375. ZAMPERLIN TURUS, PATRIZIA. Il PSI e l'educazione: alle origini di un impegno (1892–1914). Bologna, Pàtron, 1982. 155 p.
LA797.Z35 1982

D. Terrorism and Organized Crime

376. ACQUAVIVA, SABINO. Guerriglia e guerra rivoluzionaria in Italia. Milano, Rizzoli, 1979. 174 p.   HV6433.I8A27

377. ANDREASI, ANNAMARIA. L'anarco-sindacalismo in Francia, Italia e Spagna. Milano, La pietra, 1981. 2 v.   HD6684.A55 1981

378. ARCA, FRANCESCO. Mafia, camorra, 'ndrangheta. Roma, Latoside, 1982. 373 p.   HV6453.I83M32 1982

379. ARLACCHI, PINO et al. Morte di un generale: l'assassinio di Carlo Alberto Dalla Chiesa, la mafia, la droga, il potere politico. Milano, Mondadori, 1982. 209 p.   LC collections
cataloging in progress

380. ASCARI, ODOARDO. Accusa, reato di strage: la storia di piazza Fontana. Milano, Editoriale nuova, 1979. ix, 356 p.
HV6433.I8A8

381. ASOR ROSA, ALBERTO et al. Sulla violenza: politica e terrorismo: un dibattito nella sinistra. Roma, Savelli, 1978. xxxiii, 169 p.
HV6433.I8S94

382. BELLO, ALDO. L'idea armata. Roma, L'Opinione, 1981. 122 p.
DG577.5.B44 1981

383. BINETTI, GIOVANNI et al. L'estremismo politico: ricerche psicologiche sul terrorismo e sugli atteggiamenti radicali. Milano, Angeli, 1982. 159 p.   JC328.6.E87 1982

384. BOCCA, GIORGIO. Il caso 7 aprile: Toni Negri e la grande inquisizione. Milano, Feltrinelli, 1980. 181 p.   HV6433.I8B62

385. CHELAZZI, GABRIELE. La dissociazione dal terrorismo. Milano, Giuffrè, 1981. 154 p.   LAW

386. Droga e camorra in Campania: dati, analisi, prospettive di lotta in Campania. Napoli, Cooperativa editrice sintesi, 1982. 155 p.
LC collections
cataloging in progress

387. FARE, IDA. Mara e le altre: le donne e la lotta armata: storie, interviste, riflessioni. Milano, Feltrinelli, 1979. 184 p.
HV6433.I8F37

388. FETSCHER, IRING. Terrorismus und Reaktion in der Bundesrepublik Deutschland und in Italien. Reinbek bei Hamburg, Rowohlt, 1981. 218 p.   HV6433.G3F472

389.   FLAMINI, GIANNI. Il partito del golpe: le strategie della tensione
       e del terrore dal primo centrosinistra organico al sequestro Moro.
       Ferrara, Bovolenta, 1981. 2 v.   HV6433.I8F57 1981

390.   KREIMER, JOCHEN. Terrorismo e crisi italiana. Roma, Editori
       riuniti, 1978. 117 p.   HV6433.I8K73

391.   LAZZERO, RICCIOTTI G. Le brigate nere. Milano, Rizzoli, 1983.
       461 p.   LC collections
                                                   cataloging in progress

392.   MAHLER, HORST. Per la critica del terrorismo. Bari, De Donato,
       1980. 155 p.   HV6431.M3516

393.   MALAFARINA, LUIGI. Il codice della 'ndrangheta. Reggio Cala-
       bria, Parallelo 38, 1978. 219 p.   HV6453.I82C3262

394.   MARTELLI, FRANCO. La guerra mafiosa. Roma, Editori riuniti,
       1981. 109 p.   HV6453.I83M3 1981

395.   MAZZETTI, ROBERTO. Genesi e sviluppo del terrorismo in Italia: il
       maggio troppo lungo. Roma, Armando, 1979. 141 p.
                                                   HV6433.I8M39

396.   ORECCHIA, GIULIO and ROSSETTI, GIAN PAOLO. Malagente:
       'ndrangheta, mafia e camorra. Napoli, Pironti, 1982. 198 p.
                                                   HV6453.I83M36 1982

397.   ORLANDO, FEDERICO. Siamo in guerra: documenti per la storia
       dell'Italia d'oggi. Roma, Armando, 1980. 215 p.   HV6433.I8O74

398.   PADOVANI, MARCELLE. Vivre avec le terrorisme: le modèle ital-
       ien. Paris, Calmann-Lèvy, 1982. 250 p.   HV6433.I8P32 1982

399.   PALMIERI, FRANCO. Fiori del male: la nuova sinistra
       dall'esaltazione al suicidio. Milano, Ares, 1979. 159 p.
                                                   HV6546 .P34

400.   RICCARDI, DUILIO. Il golpe nero. Roma, Lo faro, 1978. 223 p.
                                                   PQ4878.I24G6

401.   SALIERNO, GIULIO. La violenza in Italia: le ragioni della forza e la
       forza della ragione. Milano, Mondadori, 1980. 350 p.
                                                   HN490.V5S24

402.   SILJ, ALESSANDRO. Brigate rosse-Stato: lo scontro spettacolo nella
       regia della stampa quotidiana. Firenze, Vallecchi, 1978. 243 p.
                                                   DG579.M63S55

403.   SOLE, ROBERT. Le défi terroriste: leçons italiennes à l'usage de
       l'Europe. Paris, Seuil, 1979. 280 p.   HV6433.I8S6

404.   STATERA, GIANNI et al. Violenza sociale e violenza politica
       nell'Italia degli anni '70: analisi e interpretazioni sociopolitiche,
       giuridiche della stampa quotidiana. Milano, Angeli, 1983. 289 p.
                                                   HV6433.I8V57 1983

405.   TRASATTI, SERGIO. Il lago della Duchessa. Roma, La rassegna, 1978. 230 p.   DG579.M63T7

406.   VASALE, CLAUDIO. Terrorismo e ideologia in Italia: metamorfosi della rivoluzione. Roma, Armando, 1980. 102 p.   HV6433.I8V37

E. The Armed Forces

407.   Antimilitarismo in caserma e fuori. [S.l.], Avanguardia operaia, 1976. 111 p.   UA740.A77

408.   ARCELLA, SALVATORE. Enciclopedia dei diritti del soldato. Milano. Teti, 1981. 218 p.   LAW

409.   BATTISTELLI, FABRIZIO. Armi: nuovo modello di sviluppo?: l'industria militare in Italia. Torino, Einaudi, 1980. xiv, 412 p.
                                                                        HD9743.I82B37 1980

410.   BOLDRINI, ARRIGO et al. La politica militare dei comunisti: la difesa nazionale, l'ordinamento delle Forze armate e i diritti democratici dei militari. Roma, Editori riuniti, 1976. xv, 233 p.
                                                                        JN5657.C637P64

411.   CEVA, LUCIO. Le Forze armate. Torino, UTET, 1981. xvi, 641 p.
                                                                        UA740.C48

412.   CICCIOMESSERE, ROBERTO. L'Italia armata. Milano, Gammalibri, 1982. 711 p.   UA740.C53 1982

413.   Cittadini in uniforme: il rinnovamento delle forze armate nel rinnovamento dello Stato e del paese. Cosenza, Lerici, 1976. 309 p.
                                                                        UA740.C57

414.   D'ALESSIO, ALDO and PECCHIOLI, UGO. La riforma democratica delle Forze armate. Roma, Editori riuniti, 1979. 169 p.
                                                                        UA740.R53

415.   Dentro i muri della patria. Milano, Gammalibri, 1977. 93 p.
                                                                        UB345.I8D46

416.   L'esercito è un cadavere armato: controinchiesta sull'esercito. Milano, Collettivo editoriale librirossi, 1978. 233 p.   UA742.E84

417.   DEL NEGRO, PIERO. Esercito, Stato, società: saggi di storia militare. Bologna, Cappelli, 1979. 269 p.   DG484.D46

418.   Il disarmo e la pace: documenti del magistero, riflessioni teologiche, problemi attuali. Bologna, EDB, 1982. 368 p.
                                                                        JX1974.D555 1982

419.   GAMBA, SEVERINO. I lavori del Genio militare. Milano, Cisalpino-goliardica, 1977. xiii, 256 p.   LAW

420.   ILARI, VIRGILIO. Le Forze armate tra politica e potere, 1943–1976. Firenze, Vallecchi, 1978. 238 p.   DG572.I42

421. LAGORIO, LELIO. Indirizzi di politica militare: relazione alle commissioni permanenti per la difesa della Camera dei deputati e del Senato della Repubblica. Roma, Ministero della difesa, 1980. 106 p.
UA740.L33

422. MAGGI, VITO. Limiti costituzionali al diritto e al processo penale militare. Napoli, Jovene, 1980. xvi, 199 p.   LAW

423. MASSOBRIO, GIULIO. Bianco, rosso e grigioverde: struttura e ideologia delle Forze armate italiane. Verona, Bertani, 1974. 412 p.
UA740. M37

424. MEDAIL, CESARE. Sotto le stellette. Torino, Einaudi, 1977. 98 p.
PN6041.S85 no. 144 [UA740]

425. OSTELLINO, PIERO and CALIGARIS, LUIGI. I nuovi militari: una radiografia delle Forze armate italiane. Milano, Mondadori, 1983. 313 p.   UA740.O88 1983

426. Per difendere chi?: parlano gli ufficiali delle FF. AA. Milano, Mazzatto, 1976. 112 p.   UA740.P47

427. PINTO, FERNANDO. Forze armate e Costituzione. Venezia, Marsilio, 1979. 206 p.   LAW

428. PRONI, RENATO. Euromissili, la tua scelta: guerra o pace in Europa? Milano, Sugarco, 1982. 159 p.   UA646.P75 1982

429. La ristrutturazione delle Forze armate italiane. Milano, Edizioni di cultura popolare, 1976. 86 p.   UA740.R58

430. SCIARETTA, ITALO. L'amministrazione della Difesa: organizzazione centrale e periferica, gli Stati maggiori, pianificazione operativa e programmazione tecnico-finanziaria, bilancio annuale della Difesa e amministrazione dei capitoli di spesa. Modena, STEM, 1974. 476 p.   UA740.S37

The Social System

A. Labor Issues and Organizations

431. ABRUZZESE, ALBERTO. Verso una sociologia del lavoro intellettuale: materiali per una sociologia del lavoro intellettuale negli apparati dell'informazione. Napoli, Liguori, 1979. 269 p.
NX180.S6A24

432. AGOSTI, PAOLA. Immagini del mondo dei vinti: 102 fotografie. Milano, Mazzotta. 1979. 16 p.
DG450.A4

433. AMATO, GIULIANO et al. Il sindacato e l'Europa. Milano, Angeli, 1978. 269 p.
HD6660.5.S56

434. ANCONA, MARTINO et al. Problemi di sociologia del lavoro: sulla divisione del lavoro manuale e intellettuale. Roma, ELIA, 1978. 279 p.
HD8481.P76

435. ANFOSSI, ANNA et al. Teoria dell'organizzazione e realtà italiana: problemi e contributi. Milano, Angeli, 1980. 225 p.
HM131.T4

436. ASTROLOGO, DUNIA et al. Riforma del collocamento e mercato del lavoro. Milano, Angeli, 1981. 168 p.
HD5934.R53

437. BALDASSARRE, ANTONIO et al. Partiti, sindacato e sistema politico italiano. Milano, Angeli, 1981. 134 p.
JN5655 1981a

438. BARBANO, FILIPPO et al. Le "150 ore" dell'emarginazione: operai e giovani degli anni '70. Milano, Angeli, 1982. 301 p.
LC5256.I8A14 1982

439. BARBERIS, CORRADO et al. La povertà nel mondo rurale in Italia. Milano, Angeli, 1981. 129 p.
HN475.5.B356 1981

440. BELLIGNI, SILVANO et al. Il sindacato nella pubblica amministrazione: la contrattazione collettiva negli enti pubblici, esperienze e ricerche. Roma, Lavoro, 1981. 325 p.
HD8005.2.I8S53

441. BERGHELLA, FULVIO. Alienazione, anomia, autoritarismo nella piccola e media industria: contributo allo studio dell'ideologia antidemocratica. Roma, Bulzoni, 1981. 78 p.   HD8481.B47 1981

442. BEZZA, BRUNO. Le lotte degli elettromeccanici. Milano, Angeli, 1981. 179 p.   HD5384.E3B49 1981

443. BOGLIARI, FRANCESCO. Il movimento contadino in Italia: dall'unità al fascismo. Torino, Loescher, 1980. 346 p.
HD675.M67

444. BONI, PIERO. I socialisti e l'unità sindacale. Venezia, Marsilio, 1981. 222 p.   LC collections
cataloging in progress

445. BOTTIGLIERI, VITTORIO. Mercato del lavoro, disoccupazione intellettuale e sistema scolastico in Italia: analisi dell'evoluzione e delle tendenze del mercato del lavoro in rapporto allo sviluppo economico e alle strutture scolastiche con particolare riferimento ai problemi occupazionali delle fasce deboli. Roma, Bonacci, 1982. 212 p.   HD5709.2.I8B67 1982

446. BOVONE, LAURA. Razionalità economica e centralità del lavoro: l'andamento di una parabola. Milano, Angeli, 1982. 123 p.
HD2356.I7B68 1982

447. Bruno Buozzi e l'organizzazione sindacale in Italia. Roma, Editrice sindacale italiana, 1982. 125 p.   HD6710.B86B76 1982

448. BUOZZI, BRUNO. Le condizioni della classe lavoratrice in Italia, 1922–1943. Milano, Feltrinelli, 1973. 102 p.   HD8480. B95 1973

449. BURGALASSI, SIVANO. Uno spiraglio sul futuro: interpretazione sociologica del cambiamento sociale in atto. Pisa, Giardini, 1980. 325 p.   HN475.B87

450. BURNIER, MICHEL. Fiat: conseils ouvriers et syndicat: Turin 1918–1980. Paris, Éditions ouvrièes, 1980. 263 p.
HD5658.A82I83

451. CAMMAROTA, ANTONELLA et al. La sindacalizzazione tra ideologia e pratica: il caso italiano 1950–1977. Roma, Lavoro, 1980. 2 v.   HD6709.S5165 1980

452. CAMPRINI, ITALO. Canta la cicala taglia taglia, il grano al padrone, al contadino la paglia: ricerca di storia e cultura popolare. Milano, Emme, 1978. 244 p.   GR177.R59C35

453. CARBONARO, ANTONIO. Povertà e classi sociali: per la critica sociologica delle ideologie sui processi di pauperizzazione. Milano, Angeli, 1979. 184 p.   HT609.C29

454. CARRUBBA, PIPPO. Il posto fisso. Catania, Pettinato, 1981. 242 p.
HD8039.W42I843 1981

455. CATALANO, FRANCO. Fiat e sindacato nella crisi economica. Milano, Vangelista, 1980. 95 p.   HD6713.A8C37

456. CESAREO, VINCENZO. Professione dirigente: agire in azienda e agire fuori d'azienda. Torino, Fondazione Giovanni Agnelli, 1979. 265 p.   HF5500.3.I8C47

457. CHITI, MARIO. Problemi della contrattazione collettiva ospedaliera. Milano, Giuffrè, 1978. 115 p.   LAW

458. Cisl, 1948–1968: ispirazione cattolica, scelta di classe, nuovo sindacato. Reggio Emilia, Bonhoeffer, 1981. 302 p.
                                                          HD8473.C67C54

459. CORTESE, GERARDO et al. L'edilizia sociale: un contributo contro l'emarginazione. Roma, Edizioni delle autonomie, 1981. 124 p.
                                                      HD7287.96.I8C67 1981

460. FERRAROTTI, FRANCO. Come muore una classe dirigente. Roma, Ianua, 1980. 205 p.   HN480.F469 1980

461. FERRAROTTI, FRANCO. Vite di periferia. Milano, Mondadori, 1981. 351 p.   HV4105.R65F47 1981

462. GAULT, FRANÇOIS. Les nouveaux syndicalistes: Suède, Japon, Italie. Paris, France-Empire, 1978. 233 p.   HD6476.G33

463. GERMANI, GINO et al. Mutamento e classi sociali in Italia. Napoli, Liguori, 1981. 105 p.   HN473.M87

464. GHEZZI, GIORGIO. Processo al sindacato: una svolta nelle relazioni industriali, i 61 licenziamenti Fiat. Bari, De Donato, 1981. 170 p.   HD6713.A8G47 1981

465. GIANOTTI, RENZO. Trent' anni di lotte alla Fiat (1948–1978): dalla ricostruzione al nuovo modo di fare l'auto. Bari, De Donato, 1979. 257 p.   HD5384.A8G52

466. GIORDANO, MARIA GRAZIA. La sociologia del lavoro e dell'organizzazione attraverso i suoi periodici (1968–1973). Milano, Angeli, 1982. 354 p.   Z7164.I45G56 1982 [HD6957.I83]

467. GORRIERI, ERMANNO. Il salario sociale: famiglia e reddito nella crisi dello Stato assistenziale. Roma, Lavoro, 1982. 116 p.
                                                      HD4925.5.I8G67 1982

468. GUIDUCCI, ROBERTO. Un mondo senza tetto: come avere una casa per tutti? Bari, Laterza, 1980. iv, 167 p.   HD7288.77.G84
                                                                        1980

469. GUIDUCCI, ROBERTO. La società impazzita. Milano, Rizzoli, 1980. 180 p.   HM283.G78

470. INGROSSO, MARCO. Produzione sociale e lavoro domestico. Milano, Angeli, 1979. 179 p.   HD2336.I8I53

471. JOHN PAUL II, POPE. Laborem exercens. Città del Vaticano, Libreria editrice vaticana, 1981. 341 p.   HD6338.C277 1981

472. X'ABATE, ALBERTO. La politica dei servizi tra razionalizzazione e rinnovamento. Venezia, Marsilio, 1978. 316 p.   HV293.L3

473. LA ROSA, MICHELE. La sociologia del lavoro in Italia e in Francia.
Milano, Angeli, 1979. 149 p.   HD6957.I83L37

474. Libri bianchi sulla condizione operaia ngli anni Cinquanta: una
ricerca promossa dal Centro ricerche e studi sindacali della Fiom-
Cgil di Milano. Bari, De Donato, 1981. xxxix, 284 p.
HD8039.M52I845 1981

475. MAGNI, CARLO. I mercati regionali del lavoro e il problema degli
indicatori: un'analisi del caso italiano. Milano, Angeli, 1981. 133 p.
HD5784.M3 1981

476. MANNA, GENNARO. Tramonto della civiltà contadina. Milano,
Massimo, 1979. 255 p.   HN475.5.M36 1979

477. MANTELLI, BRUNELLO. Operai senza politica. Roma, Savelli,
1979. 208 p.   DG579.M63M36

478. MARIANO, FILIPPO et al. La repubblica dei lavoratori: il problema
della partecipazione nella cooperazione italiana ed europea. Bari,
De Donato, 1980. 168 p.   HD3503.R45

479. MASSERA, ALBERTO. Partecipazioni statali e servizi di interesse
pubblico. Bologna, Il mulino, 1978. 338 p.   HD4190.M37

480. MATTINA, ENZO. Fiat e sindacati negli anni '80. Milano, Rizzoli,
1981. 182 p.   HD6713.A8M37 1981

481. MAZZERELLI, ALESSANDRO. Il riscatto: esperienze e proposte
per una alternativa di giustizia sociale. Napoli, Edizioni dehoniane,
1980. 333 p.   HX289.M3

482. MERONI, GIANCARLO. Sindacati e crisi in Italia e in Europa.
Roma, Editrice sindacale italiana, 1979. 114 p.   HC240.M57

483. I metalmeccanici: documenti per una storia della Fiom. Bari, De
Donato, 1981. 516 p.   HD6713.M52F46 1981

484. MINGIONE, ENZO. Mercato del lavoro e occupazione in Italia dal
1945 ad oggi. Milano, Celuc libri, 1981. 62 p.   HD5784.M54

485. PADOA SCHIOPPA, FIORELLA. La forza lavoro femminile.
Bologna, Il mulino, 1977. 139 p.   HD6154.P3

486. PIRZIO AMMASSARI, GLORIA and MATTIOLI, FRANCESCO. I
sindacalisti: inchiesta sui dirigenti delle confederazioni italiane.
Bari, De Donato, 1982. 155 p.   HD6709.P57 1982

487. Potere e democrazia nel sindacato. Roma, Lavoro, 1979. 237 p.
HD6709.P67

488. La povertà in Italia. Milano, Angeli, 1982. 2 v.   HC310.P6P68
1982

489. PRANDINI, ONELIO. La cooperazione. Roma, Editori riuniti,
1982. 142 p.   HD3503.P73 1982

490. La previdenza dei dirigenti di azienda nel sistema pensionistico
italiano. Milano, Giuffrè, 1981. vii, 198 p.   LAW

491. Professione sociologo: i laureati in sociologia e il mercato del lavoro a Roma. Palermo, Palumbo, 1980. 152 p.   HM22.I55P76

492. RAVACCIA, FRANCESCO. Handicappati: l'inserimento nel mondo del lavoro. Bologna, Pàtron, 1982. 179 p.   HD7256.I85R38 1982

493. REGINI, MARINO. I dilemmi del sindacato: conflitto e partecipazione negli anni Settanta e Ottanta. Bologna, Il mulino, 1981. 210 p. HD6709.R385

494. Regioni e domanda sociale. Torino, Stampatori, 1978. 228 p.   HT395.I8R43

495. RUSSO, GIOVANNI. L'Italia dei poveri. Venezia, Marsilio, 1982. 260 p.   DG451.R87 1982

496. SALERNI, DARIO. Sindacato e forza lavoro all'Alfasud: un caso anomalo di conflittualita industriale. Torino, Einaudi, 1980. xi, 233 p.   HD6713.A8S24 1980

497. SALERNI, DARIO. Il sistema di relazioni industriali in Italia: fenomeni e leggi di un caso atipico. Bologna, Il mulino, 1981. 343 p.   HD8481.S24

498. SANSA, ADRIANO. La repubblica diseguale. Roma, Edizioni paoline, 1981. 376 p.   HN475.S25 1981

499. SARDELLI, ROBERTO. In borgata. Firenze, Nuova Guaraldi, 1980. xi, 227 p.   HV4105.R65S27

500. SARPELLON, GIOVANNI. Rapporto sulla povertà in Italia: la sintesi della grande indagine CEE. Milano, Angeli, 1983. 304 p.   HC310.P6S27 1983

501. Il sindacato tra politica ed economia in Italia, dalla ricostruzione ad oggi. Bologna, Clueb, 1979. 291 p.   HD6712.S56

502. STEFANELLI, RENZO et al. I sindacati autonomi; particolarismo e strategie confederali negli anni Settanta. Bari, De Donato, 1981. 253 p.   HD6709.S5167

503. STURNIOLO, IGNAZIO. Per un rapporto umano e personalistico con il detenuto. Firenze, Laurus, 1979. 276 p.   HV9691.S78

504. Sul movimento della qualità della vita di lavoro. Milano, Angeli, 1982. 117 p.   HD6955.S94 1982

505. TALAMO, MAGDA. I dirigenti industriali in Italia: autorità, comando e responsabilità sociali. Torino, Einaudi, 1979. vi, 201 p.   HD70.I8T34

506. TERNIER-DAVID, JACQUELINE. L'entreprise dans la crise italienne: vers des nouvelles relations industrielles? Paris and New York, Masson, 1982. 164 p.   HD8481.T47 1982

507. TOBAGI, WALTER. Che cosa contano i sindacati. Milano, Rizzoli, 1980. 194 p.   HD6709.T59 1980

508.   TOBAGI, WALTER. Il sindacato riformista. Milano, Sugarco, 1979. 198 p.   HD6709.T6

509.   TRENTIN, BRUNO. Da sfruttati a produttori: lotte operaie e sviluppo capitalistico dal miracolo economico alla crisi. Bari, De Donato, 1977. clii, 353 p.   HC305.T69

510.   TRENTIN, BRUNO. Il piano d'impresa e il ruolo del sindacato in Italia. Bari, De Donato, 1980. 114 p.   HD5660.I85T73

511.   TURONE, SERGIO. Storia del sindacato in Italia, 1943–1980. Roma and Bari, Laterza, 1981. vii, 560 p. HD6709.T87 1981

512.   VENE, GIAN FRANCO. L'ideologia piccolo borghese: riformismo e tentazioni conservatrici di una classe nell'Italia repubblicana, 1945–1980. Venezia, Marsilio, 1980. 202 p.   HT690.I8V46

513.   VOLPATTO. ORESTE. Professionalità nel management pubblico. Milano, Giuffrè, 1981. 28 p.   MLCM 81/219

B. Health Care Reform and Services

514.   ARDIGÒ, ACHILLE et al. Politica sociale e perdita del centro: i servizi socio-sanitari nella crisi del welfare state. Milano, Angeli, 1982. 162 p.   HV290.P64 1982

515.   ARDIGÒ, ACHILLE et al. Riforma sanitaria e sistema sociale. Milano, Angeli, 1980. 158 p.   RA395.I8R45

516.   BALDASCINI, LUIGI. Al di là del manicomio: lotte ed esperienze psichiatriche alternative in Campania e a Napoli. Napoli, Idelson, 1978. xvii, 198 p.   RC450.I8B34

517.   BARRO, GIANNI. Il personale della salute: la convenzione dei medici e il contratto degli ospedalieri nella fase di avvio della riforma. Roma, La nuova Italia scientifica, 1980. iii, 209 p.   LAW

518.   BARRO, GIANNI. La qualità della salute: dalla riforma un nuovo sapere medico. Roma, Napoleone, 1978. 122 p.   R723.B34

519.   BARRO, GIANNI. La riforma sanitaria. Roma, Editrice sindacale italiana, 1979. 217 p.   RA412.5.I8R53

520.   BASAGLIA, FRANCO et al. La nave che affonda. Roma, Savelli, 1978. 159 p.   RC450.I8N38

521.   BERLINGUER, GIOVANNI. Una riforma per la salute: iter e obiettivi dei servizio sanitario nazionale. Bari, De Donato, 1979. 279 p.
RA412.5.I8B45

522.   BERNABEI, PAOLO. L'unità sanitaria locale. Roma, La nuova Italia scientifica, 1980. 398 p.   RA507.B47

523.   BOLINO, GIUSEPPE. L'organizzazione dei servizi sanitari. Milano, Edi Ermes, 1979. 128 p.   LAW

524. BONARETTI, LORIS AND CHERICONI, ALDO. Malattia e lavoro subordinato: giurisprudenza annotata e legislazione. Milano, Giuffrè, 1979. iv, 393 p.   LAW

525. CAVANA, LAURA AND MARTINO, NICOLA. Le politiche delle droghe: analisi e ipotesi d'intervento. Bologna, Cappelli, 1981. 176 p.   HV5801.C9

526. CARNEVALE, GIUSEPPE. Guida pratica ai nuovi servizi sanitari. Roma, La nuova Italia scientifica, 1980. 171 p.   RA412.5.I8C37

527. CELANT, ENNIO. L'empirico dei mali e dei rimedi. Palermo, Il vespro, 1979. 173 p.   GR176.C44

528. Dove va la psichiatria?: pareri a confronto su salute mentale e manicomi in Italia dopo la nuova legge. Milano, Feltrinelli, 1980. 198 p.   RC450.I8D68

529. Gli enti ospedalieri nella prospettiva della riforma sanitaria. Milano, Vita e pensiero, 1978. viii, 398 p.   RA989.I4E5

530. Follia, psichiatria e società: istituzioni manicomiali, scienza psichiatrica e classi sociali nell'Italia moderna e contemporanea. Milano, Angeli, 1982. 462 p.   RC455.F58 1982

531. FRANCISCONI, DORO. Lavoratori e organizzazione sanitaria: il contributo del sindacato alla riforma sanitaria. Bari, De Donato, 1978. 274 p.   RA507.F7

532. GUIDICINI, PAOLO. Perchè gli ospedali sono in crisi?: operatori e politici a confronto. Roma, Città nuova, 1981. 126 p.
                                                   RA989.I4P47

533. GUIDICINI, PAOLO. Uomo, salute, territorio: ipotesi e documenti per un approccio sociologico al problema della salute. Roma, Città nuova, 1978. 250 p.   RA418.G84

534. HARTUNG, KLAUS. Die neuen Kleider der Psychiatrie: vom anti-institutionellen Kampf zum Kleinkrieg gegen die Misere: Berichte aus Triest. Berlin, Rotbuch Verlag, 1984. 221 p.   RC439.H3

535. Das Italienische Gesundheitswesen im Umbruch: vom Kassen-system zum nationalen Gesundheitsdienst. Erlangen, Perimed Fachbuch-Verlagsgesellschaft, 1981. 262 p.   RA412.5.I8I85

536. LUPO AVAGLIANO, MARIA VITTORIA. Regioni e riforma sanitaria. Napoli, Editoriale scientifica, 1978. 225 p.   LAW

537. MANACORDA, ALBERTO. La nuova psichiatria in Italia: esperienze e prospettive. Milano, Feltrinelli economica. 1977. xxvii, 201 p.
                                                   RC450.I8M36

538. MANTOVANI, FABIO et al. La programmazione dei servizi sociali e sanitari. Milano, Angeli, 1982. 221 p.   HV290.P75 1982

539. MONTAGANO, SILVANA. A colloquio con la follia: le esperienze di un servizio psichiatrico di pronto intervento. Bari, De Donato, 1979. 212 p.   RC480.6.M66

540. MONTAGANO, SILVANA. Il filo smarrito: storia di un'esperienza psichiatrica. Bari, De Donato, 1982. 146 p.   RC465.M66 1982

541. MONTELLA, VINCENZO. La macchina psichiatrizzante: analisi dell'esperienza di un pronto soccorso psichiatrico. Milano, Angeli, 1979. 182 p.   HV689.M63

542. Psichiatria senza manicomio. Milano, Feltrinelli, 1982. 429 p.   RC450.I8P74 1982

543. Psicologia e giustizia: questioni di psicologia giuridica. Milano, Giuffrè, 1980. vii, 418 p.   LAW

544. QUARANTA, GIANCARLO. L'uomo negato: la malattia ripara dalle regole del gioco sociale: l'ospedale annulla l'uomo per affermare la sua subordinazione politica. Firenze, Nuova Guaraldi, 1980. 113 p.   RA965.Q38 1980

545. La questione droga: prospettive di ricerca e problemi di intervento. Milano, Giuffrè, 1982. xiv, 291 p.   HV5801.Q47 1982

546. SPERANZA, NICO. Gli organi della unità sanitaria locale: struttura e funzioni. Milano, Giuffrè, 1982. xvi, 681 p.   LAW

547. TERRANOVA, FERDINANDO. Progetto salute: lineamenti per la costruzione del servizio sanitario nazionale. Roma, La nuova Italia scientifica, 1980. 247 p.   LAW

548. TRANCHINA, PAOLO. Norma e antinorma: esperienze di psicanalisi e di lotte antistituzionali. Milano, Feltrinelli, 1979. xix, 353 p.   RC506.T72

549. VIVIANI, ROMANO. Il progetto della salute: piano, servizi, partecipazione. Firenze, Edizioni scuola universitaria, 1978. 187 p.   RA507.V58 1978

C. Youth, Old Age, and Families

550. ACERBI, AMILCARE et al. I figli del cemento: dibattito sulla condizione infantile nelle aree metropolitane. Milano, Unicopli, 1982. 246 p.   HT206.F53 1982

551. ALAGIA, GIUSEPPE. I giovani e la cooperazione agricola. Milano, Angeli, 1980. 117 p.   HD85.I7I68 no. 57 [HD1491.I8]

552. ALIMENTI, DANTE. Il Papa, i giovani, la speranza. Torino, Società editrice internazionale, 1980. 207 p.   BX2355.A38 1980

553. AMATO, ANTONIO et al. La condizione anziana oggi: bisogni, rapporti sociali e nuove politiche d'intervento. Milano, Angeli, 1978. 252 p.   HV1451.C58

554. AMATURO, ENRICA et al. Giovani e lavoro. Milano, Angeli, 1983. 406 p.   HD6276.I7G495 1983

555. AMMANITI, MASSIMO et al. Il bambino maltrattato. Roma, Il pensiero scientifico, 1981. 96 p.   HV713.B34 1981

556. BARACCO, LINO. Anziani nella società. Brescia, La scuola, 1979. 160 p.   HQ1064.I8B37

557. BARBERO AVANZINI, BIANCA. Droga, giovani e società: per una analisi sociologica della tossicomania giovanile. Bologna, Il mulino, 1981. 300 p.   HV5824.Y68B37 1981

558. BARBIELLINI AMIDEI, GASPARE. I nostri ragazzi. Milano, Rizzoli, 1982. 172 p.   HQ799.I8B37 1982

559. BELPOLITI, MARCO et al. L'altro mondo. Milano, Edizioni dell'apocalisse, 1980. 167 p.   HQ799.I8A85 1980

560. BONARETTI, LORIS. Indennità di anzianità: manuale teorico-pratico. Milano, Giuffrè, 1980. xvi, 789 p.   LAW

561. I consultori familiari: problematica sempre aperta. Bologna, Pàtron, 1978. vi, 311 p.   BQ10.C62

562. Il consultorio difficile: esame di un'esperienza e guida per la realizzazione di un nuovo servizio sociale. Bari, De Donato, 1980. 223 p.   HV700.I8C57

563. Convegno su società italiana e coscienza giovanile verso gli anni Ottanta (1980: Milan, Italy). Milano, Vita e pensiero, 1980. 76 p.
                                               HQ799.I8C63 1980

564. La crisi della società italiana e gli orientamenti delle nuove generazioni: atti del convegno tenuto a Roma il 7-9 ottobre 1977. Roma, Editori riuniti, 1978. 506 p.   HQ799.I8C73

565. DONATI, PIERPAOLO. Famiglia e politiche sociali: la morfogenesi familiare in prospettiva sociologica. Milano, Angeli, 1981. 238 p.
                                               HQ741.D658 1981

566. FERRARO, ENZO. I bisogni del bambino nel quartiere: ricerca e autogestione come risposta ai problemi dell'alienazione. Milano, Emme, 1976. 167 p.   HV890.I8F47

567. GALLI, NORBERTO. Educazione dei giovani alla famiglia. Milano, Vita e pensiero, 1981. 278 p.   HQ10.G339 1981

568. GALLO, ERMANNO. Allineati e dispersi: famiglia, cultura, lavoro nella terza età. Milano, Ottaviano, 1980. 208 p.   HQ1064.I8G34

569. GATTESCHI, DONATELLA. Servizi socio-sanitari e difesa degli anziani. Roma, La nuova Italia scientifica, 1980. 327 p.
                                               HV1481.I82G38

570. GIORI, DANILO. Essere vecchi: vecchiaia e processi di emarginazione nella società capitalistica. Venezxia, Marsilio, 1979. 151 p.   HV1481.I82G54

571. GUIDUCCI, ROBERTO. I giovani e il futuro. Milano, Rizzoli, 1983. 204 p.   HN16.G838 1983

572. GULOTTA, GUGLIELMO. Sistema familiare e tossicodipendenza. Milano, Giuffrè, 1982. 206 p.   LAW

573. Indennità di anzianità e assicurazione. Milano, Giuffrè, 1979. 354 p.   HD7184.I52

574. LAICARDI, CATERINA AND PIPERNO, ALDO. La qualità della vita nella terza età. Roma, Borla, 1980. 181 p.   HQ1064.I8L34

575. LECCARDI, CARMEN. Giovani e politica culturale: analisi di alcune esperienze italiane e straniere. Bologan, Il mulino, 1979. 140 p.   HQ799.I8L42 1979

576. LIBERTINI, LUCIO. La generazione del '68. Roma, Editori riuniti, 1979. 135 p.   HN480.L52 1979

577. MAZZAPERLINI, MARIO. I diritti degli anziani. Genova, Tilgher, 1979. 192 p.   HV1481.I82M39

578. NOTARNICOLA, GIOVANNI. Una proposta per crescere: educazione totale attraverso il movimento. Udine, Ribis, 1982. 269 p.
GV452.N67 1982

579. OLIVERIO, ALBERTO. Saper invecchiare. Roma, Editori riuniti, 1982. 132 p.   HQ1064.I8O44 1982

580. PALAMENGHI, SANDRO. Il consultorio dalla parte dell'utente. Brescia, La scuola, 1979. 172 p.   HQ10.P32

581. PULITI CORRIERI, LUCIA. Una politica per non invecchiare. Pisa, Giardini, 1980. 110 p.   HQ1064.I8P84

582. QUARANTA, GIANCARLO. Potere giovanile. Roma, Il foglio di Roma, 1979. v, 157 p.   HQ796.Q37

583. RICCI, ALDO. Contro il '68. Milano, Gammalibri, 1982. 269 p.
LA799.T73R53 1982

584. SEMENZA, ADRIANA. Perchè maltrattare il bambino? Torino, MEB, 1982. 129 p.   HV715.S45 1982

585. La sessualità infantile. Roma, Edizioni delle autonomie, 1981. 134 p.   HQ784.S45S47 1981

586. TAGLIAPIETRA, GIOVANNI AND VENTURI, ALESSANDRA. La scommessa dei consultori. Roma, Armando, 1980. 134 p.
HQ10.T23

587. TALLANDINI, MARIA. Cosa pensano i bambini della droga? Milano, Angeli, 1982. 254 p.   HV5824.C45T34 1982

588. TOMASI, LUIGI. La contestazione religiosa giovanile in Italia (1968–78). Roma, Pontificia università lateranense, 1981. 144 p.
BV4534.T65 1981b

589. TROVATO, AGATA. Crisi della famiglia e ricerca di un'antropologia della coppia. Milano, Sipiel, 1982. 93 p.   HQ741.T76 1982

590. VENNI, FRANCO. I giovani e la cooperazione: radiografia di un movimento tra politica del lavoro e promozione imprenditoriale. Bari, De Donato, 1981. 159 p.   HD3503.V46 1981

591. IL VOLONTARIATO PER I MINORI. Bologna, EDG, 1980. 384 p.   HV1441.I85V64

592. ZAVOLI, SERGIO. Tre volte vent'anni. Milano, Sugarco, 1978. 271 p.   HQ799.I8Z38

D. Cities and Urban Problems

593. ALBERONI, FRANCESCO et al. La società industriale metropolitana e i problemi dell'area milanese. Milano, Angeli, 1981. 400 p.   HT107.S59

594. ALISIO, GIANCARLO. Napoli e il risanamento: recupero di una struttura urbana. Napoli, ESI, 1980. 493 p.
          NA109.I8A44 1981 (folio)

595. AMOROSINO, SANDRO. Diritto urbanistico e mercato territorio. Venezia, Marsilio, 1979. 238 p.   LAW

596. BAROCCHI, ROBERTO. Dizionario di urbanistica. Milano, Angeli, 1982. 200 p.   NA9010.5.B37 1982

597. BENTIVEGNA, VINCENZO. Introduzione ai costi urbani. Padova, Cedam, 1981. 248 p.   HD4431.B34 1981

598. BERTUGLIA, CRISTOFORO et al. Sociologia urbana: quale futuro. Milano, Angeli, 1982. 414 p.   HT151.S625 1982

599. BIANCHI, ELISA. Il centro di Milano, percezione e realtà: una ricerca geografica e psicologica. Milano, Unicopli, 1978. 220 p.
          HT169.I84M495

600. BLANCO-GONZALEZ, MANUEL. Venice sinking. Winnetka, Ill., Eleuthera Press, 1982. 44 p.   PS3552.L3653V46 1982

601. BOLOGNINI, MAURIZIO. Spazio urbano e potere: politica e ideologia della città: crisi urbana e decentramento infracomunale. Milano, Angeli, 1981. 119 p.   HT151.B577

602. BONFANTI, EZIO. La vicenda urbanistica e edilizia dell'Istituto case popolari di Milano dagli esordi alla seconda guerra mondiale. Milano, Istituto autonomo case popolari di Milano e provincia, 1982. 158 p.   NA9053.B58B66 1982

603. CARDARELLI, URBANO. Urbanistica ed energia: per una progettazione urbana consapevole dei problemi energetici. Firenze, La nuova Italia, 1982. v, 152 p.   HD9502.A2C35 1982

604.   CEDERNA, ANTONIO. Mussolini urbanista: lo sventramento di
       Roma negli anni del consenso. Roma and Bari, Laterza, 1979. xxiii,
       266 p.   HT178.I82R653

605.   CONTI, GIORDANO and CORBARA, DELIO. Per una lettura oper-
       ante della città: l'esempio di Cesena. Firenze, Uniedit, 1980.
       190 p.   HT145.I8C63

606.   DECARO BONELLA, CARMELA. La licenza di abitabilità. Napoli,
       Jovene, 1978. xi, 290 p.   LAW

607.   DE GUTTRY, IRENE. Guida di Roma moderna: architettura dal
       1870 a oggi. Roma, De Luca, 1978. 132 p.   NA1120.D4

608.   DE JACO, ALDO. Napoli monarchica, "millionaria," repubblicana:
       il fascino di una città e il destino del suo popolo in cento anni di
       cronaca e storia. Roma, Newton Compton, 1982. 398 p.
                                                            DG849.D44 1982

609.   DE SETA, CESARE. Napoli. Roma and Bari, Laterza, 1981. 319 p.
                                                             DG846.D4 1981

610.   DE SETA, CESARE. Palermo. Roma and Bari, Laterza, 1981. vii,
       210 p.   DG975.P21D445 1981

611.   DEVITA, ADRIANO. Venezia, gli spazi dell'uomo: significato sociale
       degli spazi fisici. Venezia, Helvetia, 1980. 295 p.   HM291.D4854

612.   DI GIOIA, VINCENZO. Interventi nei centri storici: problemi e
       piani. Roma, Nuova spada, 1979. 198 p.   NA109.I8D53

613.   DI GIOIA, VINCENZO. Piani urbanistici e normative tecniche.
       Roma, Nuova spada, 1979. 182 p.   HT70.D53

614.   DI ORIO, FERDINANDO. La ricerca sociale nei sistemi urbani.
       Roma, La goliardica, 1979. 308 p.   HT110.D5 1979

615.   DI ORIO, FERDINANDO. Sociologia urbana e progettazione della
       città. Roma, La goliardica, 1979. 94 p.   HT151.D52 1979

616.   FABBRI, MARCELLO. L'urbanistica italiana dal dopoguerra a oggi:
       storia, ideologie, immagini. Bari, De Donato, 1983. 443 p.
                                                            HT169.I83F28 1983

617.   FIGURATO, MARISA. Storia di contrabbando: Napoli 1945–1981.
       Napoli, Pironti, 1981. 249 p.   HJ6947.F53 1981

618.   GAMBI, LUCIO. Milano. Roma and Bari, Laterza, 1982. 380 p.
                                                             DG656.G35 1982

619.   GIOVANA, MARIO. Torino: la città e i signori Fiat. Milano, Teti,
       1977. 205 p.   HD6713.A9G46

620.   GRIECO, GIOVANNI. Città per vivere: intervista sull'ecologia ur-
       bana. Napoli, Società editrice napoletana, 1981. 143 p.
                                                             HM206.G68 1981

621.   GRIPPO, UGO. Napoli, un problema di classe dirigente. Napoli,
       Guida, 1979. 291 p.   DG851.G74

622. GUERRASI, VINCENZO. La produzione dello spazio urbano. Palermo, Flaccovio, 1981. 140 p.   HT145.I8G78

623. GUIDICINI, PAOLO. La comunità efficiente: centralità e marginalità in una società post-metropolitana. Milano, Angeli, 1980. 113 p.   HT151.G788

624. GUIDICINI, PAOLO. Gruppi e sub-unità spaziali nella città: quartiere, vicinato ed area naturale tra miti, utopie e valutazioni critiche. Roma, Città nuova, 1978. 259 p.   HT153.G84

625. ILARDI, MASSIMO. Metropoli e potere: la crisi del partito politico. Bologna, Cappelli, 1980. 120 p.   JN5655 1980.I43

626. INFUSINO, GIANNI. Napoli da lontano. Napoli, Società editrice napoletana, 1981. 158 p.   DG849.9.I53 1981

627. KOENIG, GIOVANNI KLAUS. Firenze. Firenze, Alinea, 1982. 67 p.
NA9204.F6K63 1982

628. LOPEZ, GUIDO. Milano in mano. Milano, Mursia, 1982. 542 p.
DG652.L66 1982

629. MACCI, LORIS. Piano e progetto nella costruzione della città. Firenze, Libreria editrice fiorentina, 1979. 301 p. NA9204.F6M32

630. MAGNAGHI, ALBERTO. Il sistema di governo delle regioni metropolitane. Milano, Angeli, 1981. 147 p.   JS5727.M28

631. MARENGHI, ENZO MARIA. Il recupero del patrimonio edilizio ed urbanistico esistente. Milano, Giuffrè, 1982. 189 p.   LAW

632. MENEGHETTI, LODOVICO. Cultura, didattica, politica dell'urbanistica. Milano, Clueb, 1979. 67 p.   NA9035.M4 1979

633. MENGOLI, GIAN CARLO. Manuale di urbanistica. Milano, Giuffrè, 1982. xxii, 1004 p.   LAW

634. MINGIONE, ENZO. Urbanizzazione, classi sociali, lavoro informale: saggi sul processo di urbanizzazione in relazione allo sviluppo economico, alla crisi attuale, alla ristrutturazione-decentramento industriale. Milano, Angeli, 1983. 284 p.   LC collections cataloging in progress

635. MONMARCHÉ, FRANÇOIS. A Florence. Paris, Hachette, 1983. 191 p.   DG732.M57 1983

636. MORELLI, GIORGIO. Il Tevere e i suoi ponti. Roma, Kappa, 1980. 262 p.   DG815.7.M67

637. NORWICH, JOHN JULIUS. Venice. London, Allen Lane, 1977–1981. 2 v.   DG677.N67

638. Problemi e modelli di vita familiare: una ricerca in ambito urbano. Milano, Vita e pensiero, 1980. x, 287 p.   HQ630.P76

639. RAVAGLIOLI, ARMANDO. Roma ieri e oggi: immagini a confronto. Roma, Newton Compton, 1982. 342 p.   DG806.8.R38 1982

640. RIZZI, ALDO. Udine: tra storia e leggenda, nell'arte e nell'iconografia. Udine, Istituto per l'Enciclopedia del Friuli-Venezia Giulia, 1983. xxxi, 253 p.   DG975.U3R554 1983

641. ROMANO, MARCO. L'urbanistica in Italia nel periodo dello sviluppo, 1942–1980. Venezia, Marsilio, 1980. 318 p.   HT145.I8R65

642. ROSA, GIOVANNA. Il mito della capitale morale: letteratura e pubblicistica a Milano fra Otto e Novecento. Milano, Edizioni di Comunità, 1982. 319 p.   DG658.6.R67 1982

643. SEVERI, PIERLUIGI. La doppia capitale: Roma burocratica e moderna. Bari, Dedalo libri, 1981. 156 p.   DG813.2.S48 1981

644. TAGLIAFERRI, AMELIO. Udine nella storia economica. Udine, Casamassima, 1982. 254 p.   HC308.U34T33 1982

645. Tendenze e prospettive demografiche per la popolazione di Roma: possibili riflessi sui fabbisogni abitativi. Roma, Edizioni delle autonomie, 1980. 69 p.   HB2270.R65I77 1980

646. TENTORI, FRANCESCO. Udine, mille anni di sviluppo urbano. Udine, Casamassima, 1982. 533 p.   DG975.U3T46 1983

647. VIANELLI, ATHOS. A Bologna fra cronaca e storia. Bologna, Guidicini e Rosa, 1979. 147 p.   DG975.B65V496

648. VIANELLI, ATHOS. Le strade e i portici di Bologna: un itinerario affascinante nei quartieri del centro storico tra antiche vie e palazzi secolari in un susseguirsi di suggestive riscoperte. Roma, Newton Compton, 1982. 408 p.   DG975.B65V53 1982

649. VITTORINI, MARCELLO et al. Dallo spreco edilizio alla politica di recupero dell'esistente: prospettive e limiti del piano decennale per la casa. Napoli, Guida, 1978. viii, 302 p.   HD7341.A3D33

650. VLORA, NEDIM R. Città e territorio: distribuzione e crescita urbana in Italia: analisi metodologica. Bologna, Pàtron, 1979. 183 p.   HT145.I8V56

E. Sports and Leisure

651. ASCANI, FRANCO. Lo sport e le sue leggi: analisi degli aspetti socio-politici e della legislazione regionale e nazionale dello sport in Italia. Milano, IPSOA informatica, 1979. 464 p.   LAW

652. BARENDSON, MAURIZIO. Il meglio del calcio: (1946–78). Napoli, Guida, 1978. 257 p.   GV944.I8B37

653. BROEHM, JEAN M. et al. I signori del gioco: storia, massificazione, interpretazioni dello sport. Napoli, Liguori, 1982. 238 p.   GV706.5.S55 1982

654. CURATOLO, UGO. Problemi giuridici del tempo libero: il giuoco e la scommessa, lo sport, lo spettacolo, il turismo, labor ludens. Bari, Levante, 1981. 526 p.   LC collections
cataloging in progress

655. DE CRESCENZO, GIOVANNI. Il gioco e il suo piacere: etologia e filosofia. Firenze, La nuova Italia, 1983. viii, 135 p.
BF717.D38 1983

656. FABRIZIO, FELICE. Storia dello sport in Italia: dalle società ginnastiche all'associazionismo di massa. Rimini and Firenze, Guaraldi, 1977. 292 p.   GV615.F33

657. FRABBONI, FRANCO. Il tempo libero: progetti e sperimentazioni di botteghe culturali. Firenze, Le Monnier, 1976. 158 p.
HQ799.I8F7

658. Guida alle discoteche, sale da ballo, locali notturni d'Italia. Ancona, Aniballi, 1981. 87 p.   PN1968.I83G84 1981

659. Guida dei ristoranti d'Italia: 982 ristoranti scelti dall'Accademia italiana della cucina. Torino, Bolaffi, 1978. 128 p.   TX910.I8G83

660. MANCINI, FRANCO. Il concerto evanescente: gli apparati festivi tra potere e popolo. Napoli, Guida, 1982. 39 p. GT4052.N36M35 1982

661. PROVVISIONATO, SANDRO. Lo sport in Italia: analisi, storia, ideologia del fenomeno sportivo dal fascismo a oggi. Roma, Savelli, 1978. 239 p.   GV615.P76

662. Il tempo libero come servizio sociale. Pisa, Comunale, 1978. xiv, 208 p.   GV4.T45

663. VOLPI, DOMENICO. Turismo e tempo libero. Roma, Edizioni paoline, 1982. 156 p.   GV85.V64 1982

The Economic System

664. ACOCELLA, NICOLA. L'impresa pubblica italiana e la dimensione internazionale: il caso dell'Iri. Torino, Einaudi, 1983. 233 p.
LC collections
cataloging in progress

665. AGRIESTI, LUCIANO. Prato, una guida nel progresso: ricerca ed analisi di fattori che hanno determinato l'evoluzione dell'industria e della società nel comprensorio pratese. Roma, Trevi editore, 1979. 211 p. HD9865.I83P7214

666. ALBISETTI, GIAMPAOLO and CELATA, LUCIANO. L'appalto per l'esecuzione di opere pubbliche. Roma, NIS, 1982. 231 p. LAW

667. AMADEI, GIORGIO. La terra non può aspettare: l'avventura agricola dell'Italia. Bologna, Edagricole, 1980. vii, 197 p.
HD1970.A687

668. AMARI, GIANCARLO. Torino come Detroit: (capitale dell'automobile, 1895–1940). Bologna, Cappelli, 1980. 107 p.
HD9710.I83T873

669. AMATI, ALDO PIERO. Il governo dell'economia: appunti quotidiani di un'economia in crisi. Napoli, Editoriale scientifica, 1980. 141 p.
HC305.A64877

670. AMATO, GIULIANO et al. La spesa pubblica fra sviluppo e consenso. Bologna, Il Mulino, 1977. 86 p. HJ1186.S63

671. ANDRIANI, SILVANO et al. L'industria italiana: trasformazioni strutturali e possibilità di governo politico. Milano, Angeli, 1981. 384 p. HC305.I5736 1981

672. ANDRIANI, SILVANO et al. Il sistema delle partecipazioni statali: scelte economiche, assetti istituzionali e nuovo ruolo dell'industria di Stato. Bari, De Donato, 1980. 218 p. HD3616.I83S16

673. ANGELI, LIANO et al. Economia della produzione agricola e metodi quantitativi. Milano, Angeli, 1981. 265 p.
HD1433.E27 1981

674. ARDITO, EGIDIO et al. È fallita la riforma tributaria? Milano, Angeli, 1979. 330 p.   HJ2765.E12

675. Azienda contadina: sviluppo economico e stratificazione sociale. Torino, Rosenberg and Sellier, 1978. 272 p.   HD1970.A87

676. BANDINI BUTI, ALBERTO. Noi e l'energia. Milano, Rusconi, 1982. 208 p.   TJ163.2.B35 1982

677. BARBERIS, CORRADO et al. L'artigianato in Italia e nella Comunità economica europea: contributo allo studio della famiglia come impresa. Milano, Angeli, 1980. 155 p.   HD2346.I8B37

678. BARCELLONA, MARIO. Proprietà privata e intervento statale: profili istituzionali della questione agraria. Napoli, Jovene, 1980. viii, 376 p.   HD676.B37

679. BARRESE, ANTONIO et al. Prodotto-mercato. Milano, Angeli, 1981. 284 p.   HF5415.12.I8P76

680. BELLANDI, GIUSEPPE. Decentramento organizzativo e centri di profitto nelle imprese. Milano, Angeli, 1980. 168 p.   HD50.B44

681. BENINI, EMILIO et al. Il familismo efficiente: crisi della centralità e agricoltura part-time. Milano, Angeli, 1981. 292 p.   HQ630.F37

682. BENTIVEGNA, VINCENZO et al. La riconversione produttiva nell'edilizia. Milano, Angeli, 1981. 319 p.   HD9715.I82R52

683. BENVENUTI, BENVENUTO. Chi ruba sulla spesa. Firenze, Vallecchi, 1977. 139 p.   TX356.B43

684. BERTELE, UMBERTO. L'economia agro-alimentare italiana. Bologna, Il mulino, 1981. 267 p.   HD1970.B47 1981

685. BIVONA, GIUSEPPE. I contratti d'integrazione verticale in agricoltura. Milano, Giuffrè, 1979. 138 p.   LAW

686. BOGNETTI, GIUSEPPE et al. La crisi delle partecipazioni statali, motivi e prospettive. Milano, Angeli, 1981. 240 p.
HC310.I53C74 1981

687. BONZANINI, ANGELO et al. Marginalità, valore, lavoro e cooperazione. Milano, Angeli, 1980. 232 p.   HD3193.M37

688. BORRUSO, GIACOMO. La produttività nell'industria automobilistica italiana. Udine, Del Bianco, 1978. 31 p.
HD9710.I82B67

689. BOSELLO, FRANCO et al. Le finanziarie di sviluppo regionale: l'esperienza italiana e l'esperienza europea. Bologna, Pàtron, 1979. 282 p.   HG3729.I7B67

690. BRONDONI, SILVIO M. Le agenzie di pubblicità: evoluzione funzionale e problemi di gestione. Milano, Giuffrè, 1978. vi, 345 p. HF6182.I8B76

691. BROSIO, GIORGIO et al. Gli enti locali fra riforma tributaria, inflazione e movimenti urbani: un contributo all'analisi del dissesto della finanza locale. Torino, Fondazione Agnelli, 1978. 68 p. HJ9497.B76

692. BRUNETTA, RENATO. Economia del lavoro: teorie e politiche. Venezia, Marsilio, 1981. 516 p. HD4901.B774

693. BRUNETTA, RENATO. La multilocalizzazione produttiva come strategia d'impresa. Milano, Angeli, 1983. 321 p. LC collections cataloging in progress

694. BRUNETTA, RENATO. Squilibri, conflitto e piena occupazione. Venezia, Marsilio, 1982. xii, 221 p. LC collections cataloging in progress

695. BRUNETTA, RENATO et al. L'impresa in frantumi. Roma, Editrice sindacale italiana, 1980. 160 p. HD2864.I46 1980

696. BRUSCO, SEBASTIANO. Agricoltura ricca e classi sociali. Milano, Feltrinelli, 1979. 194 p. HD1975.M58B78

697. CAGNATO, ALBERTO et al. Opere pubbliche, lavori pubblici, capitale fisso sociale. Milano, Angeli, 1978. 280 p. HD4190.O63

698. CARLI, GUIDO. Intervista sul capitalismo italiano. Roma and Bari, Laterza, 1977. 127 p. HC305.C32

699. CARLO, ANTONIO. Il capitalismo impianificabile. Napoli, Liguori, 1979. 327 p. HC305.C3316 1979

700. CARLO, ANTONIO. La società industriale decadente. Pisa, ETS, 1980. 158 p. HB85.C28 1980

701. CASTELLANI, LUIGI. Gli effetti della politica agricola comunitaria: il caso del settore risicolo. Bologna, Il mulino, 1980. 173 p. HD9066.I82C37 1980

702. CASTRONOVO, VALERIO. Storia di una banca: la Banca nazionale del lavoro e lo sviluppo economico italiano, 1913–1983. Torino, Einaudi, 1983. xiii, 386 p. HG3090.R64B554 1983

703. CESARINI, FRANCESCO. La aziende di credito italiane: aspetti strutturali e lineamenti di gestione. Bologna, Il mulino, 1982. 306 p. HG1642.I8C47 1982

704. CHIADO-FIORIO, ELENA. Il settore distributivo: aspetti strutturali ed aziendali. Torino, Giappichelli, 1979. 198 p. HF5429.6.I8C48

705. CIRAVEGNA, DANIELE. Struttura ed evoluzione dell'economia italiana. Torino, Giappichelli, 1978. xv, 171 p. HB46.T83 no. 20 [HC305]

706. COCCIOLI, LUIGI. Cronache di economia, 1974–1980. Napoli, Giannini, 1981. 188 p.   HC305.C575 1981

707. COLASANTO, MICHELE. La questione della democrazia industriale. Milano, Vita e pensiero, 1981. 167 p.   HD5650.C625 1982

708. COLITTI, MARCELLO. Energia e sviluppo in Italia: la vicenda di Enrico Mattei. Bari, De Donato, 1979. 240 p.   HD9575.I82M327

709. COLOMBO, UMBERTO et al. Il rapporto Waes-Italia: le alternative strategiche per una politica energetica. Milano, Angeli, 1978. 471 p.   HD9502.I82R363

710. COMOGLIO, GUGLIELMO et al. La distribuzione di prodotti alimentari: inchiesta diretta sui prezzi e sui margini commerciali. Bruxelles, Commissione delle comunità europee. 1979. 262 p.
                                        HD9015.I8C58

711. Convegno crisi economica: riflessi sui consumi. Milano, Feltrinelli, 1978. 230 p.   HC310.C6C66 1977

712. Corporativismo e stabilità sociale in Italia. Napoli, Liguori, 1980. 291 p.   HD2865.C67 1980

713. CORRENTI, VINCENZO. Programmazione, bilancio dello Stato ed iniziativa economica. Milano, Giuffrè, 1981. 114 p.   HJ2120.C67

714. COSTA, ENRICO. Territorio, casa, industria delle costruzioni. Roma, Casa del libro, 1981. 240 p.   HT395.I82C2833 1981

715. Crisi energetica: i dirigenti per un nuovo modello di sviluppo. Milano, Angeli, 1982. 494 p.   HD9502.I82C74 1982

716. CUFFARO, NADIA et al. La programmazione mancata: il caso Gioia Tauro. Roma, Editrice sindacale italiana, 1980. 159 p.
                                        HC308.G45C83

717. D'APICE, CARMELA. L'arcipelago dei consumi: consumi e redditi delle famiglie in Italia dal dopoguerra ad oggi. Bari, De Donato, 1981. 235 p.   HC310.C6D36 1981

718. DE CARLI, PAOLO. Costituzione e attività economiche. Padova, Cedam, 1978. xi, 307 p.   HD3616.I83D4

719. DE PAOLIS, PIETRO. Porti della CEE: riflessioni per una riforma portuale italiana. Genova, Sagep, 1982. 111 p.
                                        HE558.I84D46 1982

720. DETRAGIACHE, ANGELO. Nuova società industriale: problemi e prospettive. Milano, Angeli, 1983. 168 p.   HC305.D19 1983

721. DI PIETRO, ADRIANO and FILIPPI, PIERA. Le imposte nella riforma tributaria. Bologna, Pàtron, 1980. 152 p.   LAW

722. DINI, ENRICO A. I vini a denominazione di origine: raccolta sistematica di leggi, disposizioni amministrative e circolari ministeriali, con ampia introduzione dell'autore. Bologna, Cappelli, 1981. 1031 p.   LAW

723. Dirigente, ambiente, società. Milano, Angeli, 1982. 376 p.
HD60.5.I8D57 1982

724. Dizionario di economia politica. Torino, Boringhieri, 1982. 2 v.
HB61.D56 1982

725. DOPP, WOLFRAM. Das Hotelgewerbe in Italien: raumliche Differenzierung, Typen und Rangstufen der Betriebe. Marburg/Lahn, Im Selbstverlag des Geographischen Institutes der Universität Marburg, 1978. 331 p.   TX910.I8D63

726. Energiaottanta: crisi energetica e proposte per lo sviluppo. Milano, Angeli, 1979. 167 p.   HD9502.I82E54

727. FAUCCI, RICCARDO. La scienza economica in Italia (1850–1943): da Francesco Ferrara a Luigi Einaudi. Napoli, Guida, 1982. 165 p.
HB109.A2F38 1982

728. FERRARI, GIANNI et al. Agricoltura e programmazione democratica. Milano, Angeli, 1980. 153 p.   HD1972.F47 1980

729. Il finanziamento delle opere pubbliche. Milano, Angeli, 1979. 666 p.   HD4192.F56

730. FIORELLI, FRANCO. Programmazione regionale in Italia: metodi ed esperienze. Milano, Giuffrè, 1979. viii, 138 p.
HD3616.I83F54

731. FORMICA, PIERO and TOTOLA VACCARI, MARIA. La regione nella economia e nella politica economica. Bologna, Clueb, 1980. 2 v.   HC305.R342

732. FORTE, FRANCESCO et al. Il sistema tributario. Torino, Boringhieri, 1980. 701 p.   HJ2765.F67 1980

733. FORTE, FRANCESCO and BORELLA, VITTORIA. Tattiche del desiderio. Milano, Sugarco, 1979. 220 p.   HF5813.I8F67

734. FREDIANI, LORENZO. Le banche di interesse nazionale. Milano, Angeli, 1981. 196 p.   HG3078.F74

735. FREY, LUIGI. Occupazione e ristrutturazioni industriali: il caso dei settori tessile/abbigliamento. Milano, Angeli, 1979. 183 p.
HD8039.T42I84

736. FRIGENI, RENATO and TOUSIJN, WILLEM. L'industria delle calzature in Italia. Bologna, Il mulino, 1976. 264 p.
HD9787.I82F74

737. FRIGERO, PIERCARLO and ZANETTI, GIOVANNI. Efficienza e accumulazione nell'industria italiana: gli anni dello sviluppo e della crisi. Milano, Angeli, 1983. 211 p.   HC310.I52F74 1983

738. La funzione del consumo in Italia. Roma, Banca d'Italia, Centro stampa, 1979. 147 p.   HC310.C6F86

739. GALASSO, ALFREDO et al. L'impresa agricola tra mercato e programmazione. Bari, De Donato, 1978. 348 p.   HD1972 1978.I43

740. GEROLDI, GIOVANNI. Le piccole imprese nella struttura industriale italiana. Milano, Vita e pensiero, 1981. 114 p.   HC10.P752 n. 24

741. GIARDA, PIERO D. Finanza locale: idee per una riforma. Milano, Vita e pensiero, 1982. 159 p.   HJ9497.G45 1982

742. GRAZIANI, AUGUSTO et al. Consumi sociali e sviluppo economico in Italia, 1960–1975. Roma, Coines, 1976. 287 p.   HC305.C67592

743. GUALERNI, GUALBERTO. Ricostruzione e industria: per una interpretazione della politica industriale nel secondo dopoguerra, 1943–1951. Milano, Vita e pensiero, 1980. 229 p.   HC10.P752 n. 19 [HC305]

744. GUGLIELMETTI, GIANNANTONIO. Le invenzioni e i modelli industriali dopo la riforma del 1979. Torino, UTET. 1982. viii, 262 p.   LAW

745. ICHINO, PIETRO. Il collocamento impossibile: problemi e obiettivi della riforma del mercato del lavoro. Bari, De Donato, 1982. 237 p.   HD5784.I34 1982

746. L'industria siderurgica italiana dal 1967 al 1980: alcune serie storiche essenziali. Milano, ASSIDER, 1981. 28 p.   HD9525.I82I54 1981

747. INGHILESI, MARCELLO. Energia: le ragioni di un timore e la necessità di una politica. Venezia, Marsilio, 1978. 207 p.   TJ163.2.I52

748. IPPOLITO, FELICE. Politica europea e politica dell'energia. Napoli, Liguori, 1981. 274 p.   HD9502.I82I655

749. LANDI, ANTONIO. Il marketing d'acquisto: guida pratica ad uso dei dirigenti e degli addetti all'approvvigionamento. Milano, Angeli, 1978. 202 p.   HD52.5.L35

750. La lira e lo scudo: la scommessa europea. Bologna, Il mulino, 1979. 171 p.   HG1029.5.A73 1979

751. LUGLI, GIAMPIERO. I rapporti agricoltura commercio. Milano, Angeli, 1981. 143 p.   HD1970.L83

752. LUNGHINI, GIORGIO and D'ANTONIO, MARIANO. Dizionario di economia politica. Torino, Boringhieri, 1982. 2 v.   HB61.D56 1982

753. MARCORA, GIOVANNI. La questione agraria e l'Europa. Bologna, Edagricole, 1979. vi, 304 p.   HD1972.M365 1979

754. MARZOLA, LUIGI et al. Tessili e abbigliamento: organizzazione del lavoro, tecnologie e professionalità nelle fabbriche del Veneto. Milano, Angeli, 1979. 552 p.   HD9865.I83V437

755. MASSA, GIOVANNI BATTISTA. Nuovi investimenti in periodo d'inflazione. Milano, Angeli, 1982. 116 p.   HG4515.3.M37 1982

756.   MAZZUCA, ALBERTO. I potenti del denaro. Milano, Editoriale nuova, 1983. 189 p.   HC302.5.A2M39 1983

757.   MAZZUCA, RENATO. Organizzazione del territorio e industrie a partecipazione statale in Italia. Torino, Giappichelli, 1980. 216 p.
HC310.D5M39

758.   Miti e realtà: genesi, obiettivi e consuntivi della nazionalizzazione dell'industria elettrica, 1962–1977: l'interpretazione economica dei bilanci in rosso. Firenze, Le Monnier, 1981. vii, 195 p.
HD9685.I82M57 1981

759.   MOTTA, RICCARDO. Industrializzazione e potere locale: il caso della raffineria maledetta. Bari, De Donato, 1980. 167 p.
HC308.M44M67

760.   OLSEN, OLE JESS. Industriudvikling og industripolitik i Italien, Portugal og Spanien 1960–80. Roskilde, Centre for South European Studies, Institut for samfundsokonomi og planlaegning. Roskilde universitetscenter, 1981. 322 p.   HC244.5.O44 1981

761.   PEDONE, ANTONIO. Evasori e tartassati: i nodi della politica tributaria italiana. Bologna, Il mulino, 1979. 160 p.   HJ1765.P39

762.   PENT FORNENGO, GRAZIELLA. L'industria italiana dell'abbigliamento. Bologna, Il mulino, 1979. 280 p.   HD9940.I82P46

763.   Per una ristrutturazione e riconversione dell'industria italiana. Bologna, Il mulino, 1980. 244 p.   HD3616.I83P43

764.   PIEPOLI, GIOVANNI. Una politica per lo sviluppo agricolo. Venezia, Marsilio, 1980. 142 p.   HD1972.P53 1980

765.   PONTI SGARGI, ATTILIO. Fattori di mercato e aspetti territoriali nell'analisi del settore turistico. Sala Bolognese, Forni, 1981. 88 p.
G155.I8P63

766.   POZZANI, SILVIO. Il potere economico in Italia. Roma, Buffetti, 1978. 215 p.   HN490.P6P69

767.   PRETI, DOMENICO. Economia e istituzioni nello Stato fascista. Roma, Editori riuniti, 1980. 391 p.   HC305.P171 1980

768.   Prodotti e mercati agricoli. Bologna, Edagricole, 1981. viii, 332 p.
HD9015.I8P76

769.   La qualità dello sviluppo: scritti per Luigi Morandi. Milano, Electa, 1980. 210 p.   HC305.Q34

770.   Rapporto 1982 sullo stato delle economie locali. Milano, Angeli, 1982. 2 v.   HC305.R26 1982

771.   RENZETTI, ROBERTO. L'energia: storia, attualità e prospettive del problema energetico. Roma, Savelli, 1979. 175 p.
HD9502.I82R46

772.   Ricerca sulle partecipazioni statali. Torino, Einaudi, 1978. 3 v.
HD3616.I83R48

773. RICOSSA, SERGIO. Dizionario di economia. Torino, UTET, 1982. viii, 547 p.   HB61.R48 1982

774. La riforma fondiaria trent'anni dopo. Milano, Angeli, 1979. 2 v.
                                                    IID676.I78 1979

775. RIVELLI, LUISA. Dalla parte del cittadino. Torino, Società editrice internazionale, 1979. 230 p.   HD7031.D34

776. Saggi di politica monetaria e fiscale in Italia. Milano, Angeli, 1982. 159 p.   HG1029.5.523 1982

777. SALVATI, MARIUCCIA. Stato e industria nella ricostruzione: alle origini del potere democristiano, 1944–1949. Milano, Feltrinelli, 1982. xx, 475 p.   HD3616.I82S24 1982

778. Il settore tessile e abbigliamento in Italia: elementi per una politica di settore. Milano, Angeli, 1980. 426 p.   HD9865.I82S47

779. SPANTIGATI, GIOVANNI. Petrolio: gli anni della crisi e le incognite future. Milano, ETAS libri, 1979. 233 p.   HD9560.5.S64

780. Studio sull'evoluzione della concentrazione e della concorrenza nell'industria e nella distribuzione dei prodotti alimentari in Italia. Bruxelles, Commissione delle comunità europee, 1979. 2 v.
                                                    HD9015.I8S64 1979

781. Sviluppo del commercio all'ingrosso tessile e dell'abbigliamento. Milano, Angeli, 1978. 103 p.   HD9865.I82I68 1978

782. TALIA, ITALO. Industria chimica e territorio nello sviluppo regionale. Napoli, ESI, 1980. 116 p.   HD9656.I82T34

783. TARANTO, ROBERTO. L'industria italiana della macchina utensile. Bologna, Il mulino, 1979. 290 p.   HD703.I82T37 1979

784. TARDITI, SECONDO. Il mercato dell'olio di oliva. Bologna, Il mulino, 1980. 146 p.   HD9490.5.O463I87

785. TRAPANESE, VINCENZO. Significato e tipologia del bilancio dello Stato. Milano, Giuffrè, 1981. 162 p.   HJ2119.T7

786. TURANI, GIUSEPPE. Montedison, il grande saccheggio. Milano, Mondadori, 1977. 208 p.   HD9656.I84M647

787. VARALDO, RICCARDO. Distribuzione commerciale e prezzi al consumo, con particolare riferimento all'Italia. Milano, Angeli, 1976. 162 p.   HF5415.11.I8V37

Ecology, Environment, and Infrastructures

788.　ALIBRANDI, TOMMASO. Beni ambientali e urbanistica nell'ordinamento regionale. Milano, Giuffrè, 1981. 230 p.　　LAW

789.　BARBERA, LORENZO. I ministri dal cielo: i contadini del Belice raccontano. Milano, Feltrinelli, 1980. 190 p.　　HV555.I8B37

790.　I beni culturali, una politica per il territorio. Torino, Stampatori, 1980. 253 p.　　N9003.B46

791.　BOILEAU, ANNA MARIA et al. Friuli, la prova del terremoto. Milano, Angeli, 1978. 391 p.　　HV600 1976.F742

792.　BORTOLOTTI, DARIO. Potere pubblico ed ambiente: contributo allo studio della etero-integrazione di norma penale. Milano, Giuffrè, 1981. 165 p.　　LAW

793.　BOTTERO, BIANCA et al. Produzione del territorio e programmazione dell'edilizia residenziale. Milano, Clup, 1981. 301 p.
　　HD7341.A3P756

794.　CAPONNETTO, ANTONIO. Guida al servizio postale: come funziona, formulari, procedure, autorizzazioni, fonti normative. Milano, Pirola, 1981. 105 p.　　HE7013.C36

795.　CATELANI, GIULIO. Il codice delle leggi sull'inquinamento idrico-atmosferico. Firenze, Laurus, 1978. 600 p.　　LAW

796.　CEDERNA, ANTONIO. La difesa del territorio: testi per Italia nostra. Milano, Mondadori, 1976. 156 p.　　HT145.I8C435 1976

797.　COGNETTI, GIUSEPPE. Italia mare. Bologna, Calderini, 1978. xii, 171 p.　　QH152.C64

798.　COMPAGNA, FRANCESCO. Dal terremoto alla ricostruzione. Napoli, ESI, 1981. 120 p.　　QE536.2.I8C655 1981

799. CORONA, GIOVANNI. Ricerche sui trasporti. Milano, Angeli, 1980. 219 p. HE152.6.R52

800. CRAVERI CROCE, ELENA. La lunga guerra per l'ambiente. Milano, Mondadori, 1979. 140 p. QH77.I75C72

801. DI FIDIO, MARIO. Tutela dell'ambiente naturale: difesa della natura e gestione del paesaggio: convenzioni, direttive, leggi statali e regionali, regolamenti. Milano, Pirola, 1982. 302 p. LAW

802. DI FIDIO, MARIO. Tutela delle acque dall'inquinamento: legge 10 maggio 1976, n. 319 (Legge Marli). Milano, Pirola, 1978. 323 p. LAW

803. Disastro ICMESA: scienza, pubblica amministrazione e popolazione di fronte alla tragedia tecnologica. Milano, Angeli, 1979. 296 p. RA578.C5D57

804. FACCINI, MARIO. Guida ai giardini d'Italia: alla scoperta dei giardini storici e moderni, degli orti botanici e delle oasi naturali. Milano, Ottaviano, 1983. 192 p. SB466.I8.F23 1983

805. FIORENTINI, FAUSTO. Trasporti e territorio: nodi e prospettive in Italia. Milano, Angeli, 1977. 163 p. HE251.A1F56

806. FLORES, GIOVANNI. L'Italia geologica: storia degli ultimi 230 milioni di anni. Milano, Longanesi, 1981. 194 p. QE272.F56 1981

807. FUMAROLA, GIUSEPPE. L'inquinamento atmosferico: criteri di correlazione emissioni-immissioni e di progettazione dei camini industriali. Napoli, Liguori, 1982. 146 p. TD883.F85 1982

808. GARRIBBA, SERGIO et al. Il controllo sociale dell'energia nucleare in Italia. Milano, Angeli, 1978. 188 p. HD9698.I82C65

809. GEIPEL, ROBERT. Disaster and reconstruction: the Friuli, Italy, earthquakes in 1976. London, Allen & Unwin, 1982. xviii, 202 p. HV600 1976

810. GIACOMINI, VALERIO. Uomini e parchi. Milano, Angeli, 1982. 202 p. SB481.G53 1982

811. GIAMPIETRO, FRANCO. Diritto alla salubrità dell'ambiente: inquinamenti e riforma sanitaria. Milano, Giuffrè, 1980. viii, 209 p. LAW

812. Lettere dal Belice e al Belice: le speranze tradite. Milano, Mursia, 1978. 173 p. DG975.B3728L47

813. LUXI, UBALDO. Lineamenti di dinamica della motorizzazione e suoi fattori determinanti in relazione alle statistiche più recenti. Messina, Grafiche la Sicilia, 1970. 48 p. HE5671.A6L89

814. MAGI, PIERO. I giorni del terremoto. Firenze, BS, 1980. 61 p. QE536.2.I8M33

815. MELODIA, PIERO. Ecologia e ambiente nella scuola italiana. Milano, Motta, 1978. 334 p. QH541.2.M44

816. NEGRI ARNOLDI, FRANCESCO. Il catalogo dei beni culturali e ambientali: principi e tecniche di indagine. Roma, La nuova Italia scientifica, 1981. 213 p.   DG420.5.N43 1981

817. NICOLINI, LUIGI. Agricolture e dibattito ecologico. Firenze, La nuova Italia, 1978. 128 p.   S589.7.N52

818. PINNA, MARIO. L'atmosfera e il clima. Torino, UTET, 1978. xii, 478 p.   QC981.P47

819. Politiche per il sistema dei trasporti pubblici su strada. Napoli, Guida, 1980. vii, 154 p.   HE5671.P53I87 1980

820. POSTIGLIONE, AMEDEO. Il diritto all'ambiente: con repertorio completo ed aggiornato di normativa regionale ambientale. Napoli, Jovene, 1982. xii, 366 p.   LAW

821. Protezione delle bellezze naturali. Firenze, Medicea, 1977. 459 p.   LAW

822. RENNA, AGOSTINO. Costruzione e progetto: le valle del Belice. Milano, Clup, 1979. 511 p.   HT395.I82B447

823. Il ruolo delle regioni nella disciplina e gestione del territorio. Milano, Giuffrè, 1979. 258 p.   NA9000.S78 vol. 12

824. RUSSO, GIOVANNI and STAJANO, CORRADO. Terremoto: le due Italie sulle macerie del Sud, volontari e vittime, camorristi e disoccupati, notabili e razzisti, borghesi e contadini, emigranti e senzatetto. Milano, Garzanti, 1981. 202 p.   QE536.2.I8R87

825. Seveso: oder, Wie Verantwortung zur Farce wird. Reinbek bei Hamburg, Rowohlt, 1979. 151 p.   RA578.C5S48

826. Urbanistica, edilizia, tutela dell'ambiente. Torino, UTET, 1981. xi, 597 p.   LAW

827. VENTURA, NICO. Città e autostrade negli squilibri regionali: spunti per un'analisi sullo sviluppo urbano e sulla politica autostradale italiana. Bologna, Pàtron, 1978. 232 p.   HT395.I8V46

828. Waste discharge into the marine environment: principles and guidelines for the Mediterranean action plan. Oxford and New York, Pergamon Press, 1982. xv, 422 p.   TD763.W345 1982

829. ZANGHERI, PIETRO. Ecologia e società attuale. Bologna, Edagricole, 1978. vii, 279 p.   GF41.Z36

The Mezzogiorno: Social and Economic Issues

830. AMMANNATI, LAURA. Cassa per il Mezzogiorno e intervento straordinario: origini e funzionamento di un modello di governo dell'economia. Napoli, Liguori, 1981. 148 p.   HG3088.C37A44

831. BEVILACQUA, PIERO. Le campagne del Mezzogiorno tra fascismo e dopoguerra: il caso della Calabria. Torino, Einaudi, 1980. vi, 462 p.   HC307.C3B48 1980

832. CAFIERO, SALVATORE et al. L'intervento nelle aree metropolitane del Mezzogiorno. Milano, Giuffrè, 1981. x, 275 p.
HC305.I6318
1981

833. CAMBARERI, SERAFINO. Sottosviluppo e realtà urbana meridionale. Reggio Calabria, Casa del libro, 1980. 145 p.
HT145.I8C325

834. Classi sociali e agricoltura meridionale: contraddizioni e prospettive: indagine sulle aziende agricole e sui braccianti della provincia di Messina. Milano, Giuffrè, 1981. xiv, 142 p.
HD1975.M44C57 1981

835. COMPASSO, FRANCO. Mezzogiorno europeo. Manduria, Lacaita, 1979. 279 p.   HC305.C6463

836. CONTI, SERGIO. Un territorio senza geografia: agenti industriali, strategie e marginalità meridionale. Milano, Angeli, 1982. 196 p.
HC310.I53C66 1982

837. DE GIORGIO, ANTONIO et al. Ricerca e trasferimenti della tecnologia in Europa: dall'analisi delle esperienze internazionali ad una proposta per il Mezzogiorno d'Italia. Bari, De Donato, 1979. 227 p.   T147.3.R48

838.   DE SETA, CESARE. Città, territorio e Mezzogiorno in Italia.
Torino, Einaudi, 1977. xiii, 316 p.   HT169.I83047

839.   FILANGIERI, ANGERIO. Territorio e popolazione nell'Italia meridionale: evoluzione storica. Milano, Angeli, 1980. 389 p.
HB3599.F44

840.   FLORA, ACHILLE. Mezzogiorno '80: il governo del conflitto sociale. Napoli, Pironti, 1981. 189 p.   HC305.F58 1981

841.   Formazione alla professionalità dei laureati e disoccupazione intellettuale nel Mezzogiorno. Bologna, Cappelli, 1981. 637 p.
HD6278.I8F67

842.   FORMICA, CARMELO. Lo spazio rurale nel Mezzogiorno: esodo, desertificazione e riorganizzazione. Napoli, ESI, 1979. vi, 207 p.
HC305.F627 1979

843.   GAMBINO, ROBERTO. Turismo e sviluppo del Mezzogiorno.
Milano, Giuffrè, 1978. xv, 257 p.   D155.I8G355

844.   GINATEMPO, NELLA. La città del Sud: territorio e classi sociali.
Milano, Mazzotta, 1976. 243 p.   HT145.I8G56

845.   GUIZZI, VINCENZO. Comunità europea e sviluppo del Mezzogiorno. Milano, Giuffrè, 1978. viii, 184 p.   HC305. G83

846.   LEVI, CARLO. L'altro mondo e il Mezzogiorno. Reggio Calabria,
Casa del libro, 1980. 212 p.   DG828.L488 1980

847.   MAZZONE, MATTEO. I sistemi di esecuzione delle opere pubbliche e la Cassa per il Mezzogiorno. Roma, Jandi Sapi, 1978. xi,
172 p.   HD4190.M39

848.   Mezzogiorno e programmazione (1954–1971). Milano, Giuffrè,
1980. 845 p.   HD3616.I82M48

849.   Il Mezzogiorno nelle politiche nazionali e comunitarie: contributi
della Svimez alla "Giornata del Mezzogiorno." Milano, Giuffrè,
1982. 379 p.   HC305.M42156 1982

850.   Mezzogiorno, questioni aperte. Roma and Bari, Laterza, 1975. viii,
223 p.   HC305.M422

851.   PRAUSSELLO FRANCO. Il Mezzogiorno e l'Europa. Manduria,
Lacaita, 1979. 122 p.   HC241.25.I8P7

852.   Questione meridionale, religione e classi subalterne. Napoli,
Guida, 1978. 398 p.   BX1546.S68Q47

853.   RUSSO, GIOVANNI. Baroni e contadini. Roma and Bari, Laterza,
1979. xlii, 195 p.   HN475.R8 1979

854.   SANSONE, GAETANO. Il bambino che viene dal Sud: interviste ai
bambini immigrati nelle grandi città. Milano, Emme, 1977. 105 p.
HV887.I8S26

855.   SERVIDIO, ALDO. Uscita 13: un passaporto per il Sud. Napoli,
Società editrice napoletana, 1981. 238 p.   HC305.S5814 1981

856. Servizi industriali e piccole e medie imprese nel Mezzogiorno.
Milano, Angeli, 1982. 158 p.   HD2346.I8S47 1982

857. Welfare state o neo-assistenzialismo?: Meridione, politica sociale e
organizzazione dei servizi sociali. Milano, Angeli, 1981. 211 p.
HV290.W44

858. ZIMMERMANN, EMIL. Emigrationsland Suditalien: eine Kultur-
antropologische und Sozialpsychologische Analyse. Tübingen,
Mohr, 1982. xviii, 202 p.   HN488.S68Z55 1982

Women and Women's Issues

859. ABBIATE FUBINI, ANNA. I complessi della casalinga. Firenze, La nuova Italia, 1974. 272 p. HQ1638.A3

860. L'aborto in Italia: fenomenologia dell'aborto: riflessione morale, giuridica e pastorale. Bologna, Edizioni dehoniane, 1975. 164 p. HQ767.5.I8A17

861. L'aborto nelle sentenze delle corti costituzionali: USA, Austria, Francia e Repubblica federale tedesca. Milano, Giuffrè, 1976. 329 p. K5181.A24

862. ADAMI ROOK, PATRIZIA. Le due femminilità: la crisi della coscienza femminile nel sogno e nel mito. Roma, Bulzoni, 1983. 143 p. LC collections cataloging in progress

863. L'almanacco: luoghi, nomi, incontri, fatti, lavori in corso del movimento femminista italiano del 1972. Roma, Edizioni delle donne, 1978. 179 p. HQ1638.A43

864. ANTONIOTTI, FERDINANDO. Donna oggi in Italia. Roma, La cultura, 1977. 383 p. HQ1638.D66

865. Appunti e voci varie di donne sul carcere. Roma, CIDS, 1978. 16 p. HV9689.A66

866. ASPESI, NATALIA. Lui visto da lei. Milano, Rizzoli, 1978. 191 p. HQ1090.A78

867. AUTORINO STANZIONE, GABRIELLA. Divorzio e tutela della persona: l'esperienza francese, italiana e tedesca. Napoli, ESI, 1981. 331 p. LAW

868. BALLESTRERO, MARIA VITTORIA. Dalla tutela alla parità: la legislazione italiana sul lavoro della donna. Bologna, Il mulino, 1979. 292 p. LAW

869. BATISTI, SILVIA. Polvere di stelle. Milano, Gammalibri, 1979. 111 p.   HQ1640.A3B37

870. BIANCHINI, ANGELA. Voce donna. Milano, Bompiani, 1979. 286 p.   HQ1150.B52

871. BITSCH, HANNELORE. Die Emanzipation der Frau: wie sie sich bei italienischen Autorinnen zwischen 1860 u. 1920 darstellt. Frankfurt am Main, Lang, 1980. 299 p.   PQ4055.W6B5 1980

872. BLUMIR, GUIDO. Donne di vita, vita di donne. Milano, Mondadori, 1980. 259 p.   HQ203.B55

873. BOCCHIO, FLORA and TORCHI, ANTONIA. L'acqua in gabbia: voci di donne dentro il sindacato. Milano, La salamandra, 1979. 291 p.   HD6079.2.I8B6

874. BRASILE, MARIA LUISA. La terza età di una donna: riflessioni di una educatrice. Roma, Città nuova, 1982. 155 p.   LC collections
                                                            cataloging in progress

875. BUONANNO, MILLY. La donna nella stampa: giornaliste, lettrici e modelli di femminilità. Roma, Editori riuniti, 1978. 152 p.
                                                            PN5247.W58B8

876. CALAPSO, JOLE. Donne ribelli: un secolo di lotte femminili in Sicilia. Palermo, Flaccovio, 1980. 236 p.   HQ1644.S53C34 1980

877. CASINI, CARLI. La nuova disciplina dell'aborto: (commento alla legge 22 maggio 1978, n. 194). Padova, CEDAM, 1978. x, 281 p.
                                                            LAW

878. CASINO, CARLI. Porno prostituzione: analisi dei rapporti tra stampa, pornografia e prostituzione. Roma, La parola, 1981. 186 p.
                                                            LAW

879. CATALUCCI, EMANUELA. Donna e lavoro: bibliografia 1970-1981: ricerche, saggi, articoli. Roma, Bulzoni, 1982. 122 p.
                                                            Z7963.E7C368 1982

880. CAUSSE, MICHÈLE and LAPOUGE, MARYVONNE. Écrits, voix d'Italie. Paris, Des femmes, 1977. 460 p.   PQ4203.E27

881. CEDERNA, CAMILLA. Il mondo di Camilla. Milano, Feltrinelli, 1980. 324 p.   PN5246.C4A35

882. CEDERNA, CAMILLA. Le pervestite. Genova, Immordino, 1968. 212 p.   DG442.C4

883. CERATTO, MARINA. Il chi è? delle donne italiane, 1945-1982. Milano, Mondadori, 1982. 339 p.   CT3450.C47 1982

884. CERILLI, ROMUALDO. La donna elettrice: studio sul diritto di suffragio in rapporto alla questione femminile. Torino, Unione tipografica editrice, 1980. 101 p.   LAW

885.   CEVRO-VUKOVIC, EMINA and DAVIS, ROWENA. Giù le mani: donne, violenza sessuale, autodifesa. Roma, Arcana, 1977. 235 p. HV6250.4.W65C48

886.   CHIANESE, GLORIA. Storia sociale delle donna in Italia (1800–1980). Napoli, Guida, 1980. 137 p.   HQ1638.C43

887.   COCCIA, FRANCO. Le consequenze patrimoniali dello scioglimento del matrimonio. Milano, Giuffrè, 1981. 140 p.   LAW

888.   COLOMBO, BERNARDO. La diffusione degli aborti illegali in Italia. Milano, Vita e pensiero. 1977. 63. p.   HQ767.5.I8C6

889.   Commentario sul divorzio. Milano, Giuffrè, 1980. viii, 695 p.   LAW

890.   CONTERNO GUGLIELMINETTI, CLELIA. Bambino mio tanto atteso: Lettera ad un bimbo che è nato. Cinisello Balsamo, Edizioni paoline, 1977. 209 p.   HQ755.85.C66

891.   CONTI, LAURA. Il tormento e lo scudo: un compromesso contro le donne. Milano, Mazzotta, 1981. 143 p.   LAW

892.   La coppia nuda. Milano, Sperling & Kupfer, 1977. 416 p. HQ630.C66

893.   Cosa loro: è tutto vero, verissimo e non è tutto. Roma, Bulzoni, 1980. 126 p.   HQ1638.C67

894.   COSTA-ZALESSOW, NATALIA. Scrittrici italiane dal XIII al XX secolo. Ravenna, Longo editore, 1982. 301 p. PQ4055.W6S37 1982

895.   CUTRERA, ANTONINO. I ricottari: la mala vita di Palermo. Palermo, Il vespro, 1979. 59 p.   HQ205.P34C87

896.   DAL POZZO, GIULIANA. Donna 70. Milano, Teti, 1977. 151 p. HQ1638.D3

897.   DALLA COSTA, MARIAROSA. Brutto ciao: direzioni di marcia delle donne negli ultimi 30 anni. Roma, Edizioni delle donne, 1977. 148 p.   HQ1638.D34

898.   DEL BO BOFFINO, ANNA. Figli di mamma. Milano, Rizzoli, 1981. 186 p.   HQ755.85.D44 1981

899.   La dimensione donna: educazione sessuale e divisione dei ruoli. Rimini and Firenze, Guaraldi, 1976. 160 p.   HQ46.D56

900.   DONATI, PIERPAOLO. La donna nella Terza Italia: madri e figlie nel Mantovano. Roma, Ave, 1978. 334 p.   HQ1638.D63

901.   Donnita: cronache del movimento femminista romano. Roma, Centro di documentazione del movimento femminista romano, 1976. 188 p.   HQ2645.R65D66

902.   Doppia presenza: lavoro intellettuale, lavoro per sé. Milano, Angeli, 1981. 134 p.   HD6072.5.D66

903.   Essere mamma: Esperienze di vita familiare. Roma, Città nuova, 1979. 120 p.   HQ759.E87

904. FABRIS, GIAMPAOLO and DAVIS, ROWENA. Il mito del sesso: rapporto sul comportamento sessuale degli italiani. Milano, Mondadori, 1978. 367 p.   HQ18.18E3

905. FEDELI, LAURA. Mondo 3 femminile: crisi d'identità e scienza della donna. Roma, Bulzoni, 1982. 200 p.   HQ212.F43 1982

906. FELICETTI, SI and NOREN, KJERSTIN. Vi ar manga, mer an halfien: den italienska feminismens bidrag till kvinnokampen. Stockholm, Prisma, 1978. 205 p.   HQ1642.F44

907. Il femminismo cristiano: la questione femminile nella prima democrazia cristiana, 1898-1912. Roma, Editori riuniti, 1979. 269 p.   HQ1642.F45

908. FRANCESCATO, DONATA. Le condizioni della sessualità femminile: maternità, aborto, consultorio. Bari, De Donato, 1979. 298 p.   HQ29.F7

909. FRANCO-LAO, MERI. Donna canzonata. Roma, Universale tascabile Newton, 1979. 223 p.   ML3494.F7

910. Le funzioni sociali del matrimonio: modelli e regole della scelta del coniuge dal XIV al XX secolo. Milano, Edizioni di comunità, 1980. 369 p.   HQ503.F85

911. GAIOTTI DE BIASE, PAOLA. Questione femminile e femminismo. Brescia, Morcelliana, 1979. 256 p.   HQ1638.G3

912. GALLINARI LEONZI, TINA. La donna, problema del nostro tempo. Milano, Cronache della Regione Lombardia, 1976. vol. 20 of Quaderni di documentazione regionale.   HQ1638.G34

913. GALOPPINI, ANNAMARIA. Il lungo viaggio verso la parità: I diritti civili e politici delle donne dall'unità ad oggi. Bologna, Zanichelli, 1980. vii, 278 p.   HQ1640.G34

914. GASPERINI, BRUNELLA. Così la penso io. Milano, Biblioteca universale Rizzoli, 1979. 154 p.   PQ4867.A806

915. GASPERINI, BRUNELLA. Di chi è la colpa: capire e risolvere i problemi del matrimonio. Torino, Marietti, 1978. 169 p.
                                                            HQ741.G34

916. GASPERINI, BRUNELLA. Più botte che risposte. Milano, Rizzoli, 1981. 219 p.   HQ1638.G37

917. GASPERINI, BRUNELLA. Siamo in famiglia: cronache di un marito, di una moglie e di una figlia. Milano, Rizzoli, 1974. 545 p.
                                                          PQ4867.A8S5

918. GEROSA, GUIDO. Le compagne. Milano, Rizzoli, 1979. 341 p.
                                                            HX288.G44

919. GIANINI BELOTTI, ELENA. Prima le donne e i bambini. Milano, Rizzoli, 1981. 208 p.   HQ1212.G53 1981

920. GIANNELLI, MARIA TERESA. Il Sud delle donne: diario di una ricerca. Milano, Unicopli, 1981. 95 p.   HQ1640.G5 1981

921. GOZZINI, MARIO. Contro l'aborto fra gli abortisti. Torino, Gribaudi, 1978. 78 p.   HQ767.3.G69

922. GRASSO, LAURA. Compagno padrone: relazioni interpersonali nelle famiglie operaie della sinistra tradizionale e della sinistra extraparlamentare. Rimini and Firenze, Guaraldi, 1974. 307 p.
HQ629.G7

923. L'immagine della donna nei preadolescenti: opinioni raccolte in alcune scuole di Roma. Roma, Bulzoni, 1981. 131 p.
HQ1212.I47

924. LATERZA, ROSSELLA. Le donne di carta: personaggi femminili nella storia del fumetto. Bari, Dedalo libri, 1980. 247 p.
PN6714.L38 1980

925. Lavoro femminile e condizione familiare. Milano, Angeli, 1980. 424 p.   HD6154.I15 1980

926. LILLI, LAURA. Care compagne: il femminismo nel PCI e nelle organizzazioni di massa. Roma, Editori riuniti, 1979. HQ1638.L54

927. LIVERANI, PIER GIORGIO. Aborto anno uno: fatti e misfatti della leggi n. 194. Milano, Ares, 1979. 208 p.   LAW

928. LONZI, CARLA. Sputiamo su Hegel: la donna clitoridea e la donna vaginale. Milano, Gammalibri, 1982. 132 p.   HQ1212.L64 1982

929. LONZI, CARLA. Taci, anzi parla; diario di una femminista. Milano, Scritti di rivolta femminile, 1978. 309 p.   HQ1640.L66A35

930. MAFAI, MIRIAM. L'apprendistato della politica: le donne italiane nel dopoguerra. Roma, Editori riuniti, 1979. 239 p. HQ1638.M33

931. MANFREDINI, MARIA GIUSEPPINA. La posizione giuridica della donna nell'ordinamento costituzionale italiano. Padova, Cedam, 1979. 318 p.   LAW

932. MARAINI, DACIA. Donna in guerra. Torino, Einaudi, 1975. 269 p.
PQ4873.A69D58

933. MARASCO, PATRIZIA. La culla dell'obbligo: inchiesta sulla donna in gravidanza. Firenze, Amaranta, 1976. 128 p.   HQ759.M34

934. MARAZZI, ANTONELLA and TEDESCHI, ENRICA. Donna: riforma o rivoluzione? Roma, Controcorrente, 1977. 142 p.
HQ1638.M37

935. NAPPI, ANTONELLA and REGALIA, IDA. La pratica politica della donna. Milano, Mazzotta, 1978. 128 p.   HQ18.I8N47

936. NESTI, ARNALDO. Ideologia, sessualità, controllo sociale. Milano and Roma, Sapere, 1974. 169 p.   HQ1644.R65N64

937. NOZZOLI, ANNA. Tabù e coscienza: la condizione femminile nella letteratura italiana del Novecento. Firenze, La nuova Italia, 1978. viii, 173 p.   PQ4088.N64

938. OXMAN, ALICE. Lager maternità: libro-documentario sulle donne e i bambini in venti storie italiane. Milano, Bompiani, 1974. 173 p.
RG556.095 1974

939. PARCA, GABRIELLA. Lo sballo: intervista a una ragazza che ha smesso di bucarsi. Milano, Longanesi, 1980. 188 p.
HV5840.I8P37

940. PARCA, GABRIELLA. Plusvalore femminile. Milano, Mondadori, 1978. 238 p.
HD6154.P34

941. PARCA, GABRIELLA. I sultani: mentalità e comportamento del maschio italiano. Milano, Biblioteca universale Rizzoli, 1977. 310 p.
HQ18.I8P28 1977

942. PELLEGRINI, ELENA. La donna-oggetto in pubblicità. Venezia, Blow-up, 1977. 112 p.
HF5827 P44

943. PERACCHI, FRANCESCO. La ragazza-madre in Italia: studio sociopastorale. Roma, Libreria editrice della Pontificia università lateranense, 1977. 282 p.
HQ759.4.P47

944. Perchè la stampa femminile? Ferrara, Bovolenta, 1977. 250 p.
PN5247.W6P37

945. PICCONE STELLA, SIMONETTA. Ragazze del Sud: famiglie, figlie, studentesse in una città meridionale. Roma, Editori riuniti, 1979. 252 p.
HQ1638.P52

946. La presenze dell'uomo nel femminismo. Milano, Scritti di rivolta femminile, 1978. 191 p.
HQ1638.P73

947. PROSPERI, FRANCESCO. La famiglia non fondata sul matrimonio. Napoli, ESI, 1980. 328 p.
LAW

948. QUARANTA, GIANCARLO et al. Veniamo da lontano: anche il movimento delle donne non nasce oggi, ma è parte integrante della storia della società moderna. Firenze, Nuova Guaraldi, 1981. 135 p.
HQ1154.Q37 1981

949. QUINTAVALLI, ARTURO CARLO. Lei e lui: cronaca e pubblicità. Roma and Bari, Laterza, 1981. 258 p.   HF6105.I85Q56 1981

950. I reati sessuali in Italia e all'estero: disciplina legislativa e dibattito per la riforma del sistema vigente. Roma, Camera dei deputati, 1981. xi, 338 p.
LAW

951. SALVINI, ALESSANDRO. Identità femminile e sport. Firenze, La nuova Italia, 1982. vi, 228 p.   GV709.S33 1982

952. SARACENO, CHIARA. Uguali e diverse: le trasformazioni dell'identità femminile: percorsi di storia sociale nelle conversazioni a Radiotrè. Bari, De Donato, 1980. 190 p.   HQ1638.S27

953. SCHWARZENBERG, CLAUDIO. Condizione della donna e lavoro femminile in Italia: (premesse storico-giuridiche). Milano, Giuffrè, 1982. 164 p.
LAW

954. Sesso amaro: trentamila donne rispondono su maternità, sessualità, aborto. Roma, Editori riuniti, 1977. vi, 195 p.   HQ29.S48

955. SERONI, ADRIANA. La questione femminile in Italia, 1970-1977. Roma, Editori riuniti, 1977. 318 p.   HQ1638.S43

956. Sociologia della famiglia: sull'emancipazione femminile. Milano, Gulliver, 1979. 171 p.   HQ630.S6

957. SOVENTE, MICHELE. La donna nella letteratura oggi. Fossano, Esperienze, 1979. 155 p.   PQ4088.S64 1979

958. SPAINI, MARIELLA et al. Donna, uomo, persone. Roma, Abete, 1978. 183 p.   HQ1212.D66

959. La spina all'occhiello: l'esperienza dell'intercategoriale donne CGIL-CISL-UIL attraverso i documenti, 1975-78. Torino, Musolini, 1979. 173 p.   HD6079.2.I82T877 1979

960. SURACE, STEFANO. I padrini della pornografia e il delitto Pecorelli. Roma, La Parola, 1979. 127 p.   HQ471.S87 1979

961. TEODORI, MARIA ADELE. Le violentate. Milano, Sugarco, 1977. 188 p.   HV6569.I8T46

962. TRAVERSO, CARLO EMILIO. La tutela costituzionale della persona umana prima della nascita. Milano, Giuffrè, 1977. 249 p.   LAW

963. VENTRELLA, ANNA MARIA. Le donne e il mercato del lavoro: contributo per un osservatorio locale sull'offerta femminile. Milano, Angeli, 1981. 227 p.   HD85.I7I68 no. 64

964. Verso una società con la donna. Roma, Unione editori cattolici italiani, 1981. 397 p.   HQ1212.D64 1981

965. VIOLA, CARMELO. Aborto; perchè deve decidere la donna: con saggi sulla pornografia, sulla prostituzione e sul femminismo. Cosenza, Pellegrini, 1977. 215 p.   HQ767.V56

The Educational System

966. ALBERTI, ALBERTO. Dizionario di didattica. Roma, Editori riuniti, 1980. 228 p.   LB15.A46 1980

967. ALQUATI, ROMANO et al. Università di ceto medio e proletariato intellecttuale. Torino, Stampatori, 1978. 319 p.   LC206 I8A44

968. ARCA, MARIA et al. L'educazione scientifica di base. Firenze, La nuova Italia, 1979. x, 426 p.   LB1585.5.I8G78 1979

969. Aspetti e problemi dell'educazione infantile nelle scuole materne. Brescia, La scuola, 1980. 446 p.   LB1140.2.A853 1980

970. BACIGALUPI, MARCELLA and FOSSATI, PIERO. Bambino o scolaro?: l'esperienza infantile in un quartiere operaio. Rimini and Firenze, Guaraldi, 1976. 182 p.   LB1140.2.822

971. BACIGALUPI, MARCELLA et al. Scuola, maestra e mamma: un'indagine sulla filosofia dei regolamenti scolastici. Genova, Ghiron, 1978. 113 p.   LAW

972. BALBO, LAURA et al. Lavorare nell'università oggi: esperienze di didattica nella crisi dell'istruzione superiore. Milano, Angeli, 1982. 269 p.   LB2331.L28 1982

973. BALBO, LAURA. La scuola del capitale: classi sociali e scuola di massa. Padova, Marsilio, 1978. 211 p.   LC191.8.I8B34 1978

974. BARBERI, FRANCESCO. Biblioteche in Italia: saggi e conversazioni. Firenze, La nuova Italia, 1981. 472 p.   Z809.A1B33

975. BERTOLDI, FRANCO. Didattica degli adulti. Milano, Vita e pensiero, 1978. 122 p.   LC5256.I8.B45

976. BERTOLDI, FRANCO. Formazione a distanza: la seconda didattica. Roma, Armando, 1980. 165 p.   LC5955.I8B47

977. BERTOLINI, PIERO and FRABBONI, FRANCO. Scuola primaria: storia finalità formative, metodologie pedagogiche, strategie didattiche. Firenze, La nuova Italia, 1981. vii, 362 p. LA794.B43 1981

978. BIGNOZZI, BRUNA. Oltre la pietà: handicappati e scuola. Ferrara, Bovolenta, 1981. xviii, 262 p.   LC4036. I8B53 1981

979. BONISSONE, IVANA. Appunti di didattica delle scienze nella scuola dell'obbligo. Milano, Il formichiere, 1976. 107 p.
                                                              QH320.I8A66

980. CACCIALUPI, MARIA GIOVANNA. La prima scuola?: asili nido, organizzazione e decentramento. Milano, Mazzotta, 1977. 136 p.
                                                              LB1140.2.C27

981. CAMPEDELLI, LUIGI. Cultura matematica e insegnamento elementare. Milano, Feltrinelli, 1978. 355 p.   QA135.5.C354

982. CAPRIOLO, LUCIANO et al. Il lavoro sbagliato: titolo di studio e mercato del lavoro a Torino. Torino, Rosenberg and Sellier, 1980. 197 p.   HD5709.2.I82T873

983. CESA BIANCHI, MARCELLO. Scuola e formazione. Napoli, Guida, 1979. 74 p.   LC191.8.I8C47

984. CESAREO, VINCENZO et al. Scuola, giovani, e professionalità. Milano, Vita e pensiero, 1979. 262 p.   LA792.S365

985. COIRO, GIOVANNI. La pubblica istruzione in Italia: servizi centrali e periferici, organi collegiali, scuole, università, antichità e belle arti, biblioteche, istituzioni varie, potestà e funzioni delle regioni, scuole europee. Milano, Giuffrè, 1974. vii, 501 p.   LA792.C59

986. CONTI, GIULIANO et al. Specializzazione e competitività internazionale dell'Italia: saggi. Bologna, Il mulino, 1978. 264 p.
                                                              HF1549.S66

987. CUOMO, NICOLA. Handicaps "gravi" a scuola: interroghiamo l'esperienza. Bologna, Cappelli, 1982. 159 p.   LC4036.I8C86 1982

988. D'AMORE, BRUNO. Approcci matematici nella scuola dell'infanzia. Firenze, La nuova Italia, 1980. viii, 240 p.   QA135.5.D23

989. DE BARTOLOMEIS, FRANCESCO. Produrre a scuola. Milano, Feltrinelli, 1983. 202 p.   LC collections
                                                         cataloging in progress

990. DEGLI ESPOSTI, LUIGI. L'università d'oggi per tutti e per nessuno. Bologna, Capitol, 1978. 117 p.   LA797.5.U533

991. DEI, MARCELLO. Sociologia della scuola italiana. Bologna, Il mulino, 1978. 260 p.   LC191.D525

992. DI ORIO, FERDINANDO. La disoccupazione giovanile e il rapporto anarchico fra scuola e società: una ricerca nell'area laziale. Roma, La goliardica, 1978. 312 p.   HD6276.I7D57

993. Educazione ai valori nella scuola di Stato. Milano, Vita e pensiero, 1982. 268 p.   LA792.E374 1982

994. L'educazione tecnica nella scuola di base. Bologna, Il mulino, 1979. 100 p.   LC1047.I6E38

995. FORNACA, REMO. La pedagogia italiana contemporanea. Firenze, Sansoni, 1982. 364 p.   LA792.F62 1982

996. FROSINI, VITTORIO. L'università disintegrata: una ricerca sulle facoltà di giurisprudenza e di scienze politiche dell'Università di Roma. Milano, Angeli, 1981. 197 p.   LAW

997. GALLO BARBISIO, CARLA. I figli più amati. Torino, Einaudi, 1979. xi, 142 p.   PN6041.S85 no.214

998. GAY, RITA. Dallo svantaggio all'insuccesso: condizionamenti socio-culturali e responsabilità del sistema scolastico. Milano, Fabbri, 1978. 111 p.   LC191.8.I8G38

999. GIASANTI, ALBERTO. La controriforma universataria: da Gonella a Malfatti. Milano, Mazzotta, 1977. 109 p.   LA797.5.G53

1000. GIOVANELLI, GIULIANA. Mio figlio, questo scolaro: per un incontro scuola-famiglia sul problema della valutazione. Bologna, Cappelli, 1979. 174 p.   LC225.33.I8G56

1001. Handicappati nella scuola media: progetti, realizzazioni, verifiche. Torino, Stampatori, 1980. 276 p.   LC4636.I8H36

1002. LAROCCA, FRANCO. La scuola media oggi: natura e struttura della didattica generale nella scuola del preadolescente. Brescia, La scuola, 1981. 240 p.   LA796.L37 1981

1003. Lavorando con gli insegnanti. Firenze, La nuova Italia, 1980. ix, 312 p.   Q183.4.I8G78 1980

1004. LODI, MARIO. Guida al mestiere di maestro. Roma, Editori riuniti, 1982. 160 p.   LB1555.L76 1982

1005. MALDONADO, TOMAS. Università: la sperimentazione dipartimentale. Rimini and Firenze, Guaraldi, 1978. 147 p.   LA797.5

1006. MANACORDA, MARIO ALIGHIERO. La scuola degli adolescenti: dieci anni di ricerche e dibattiti sulla riforma dell'istruzione secondaria. Roma, Editori riuniti, 1979. xxv, 192 p.   LA796.M363

1007. MASTROIANNI, ANTONIO. L'educazione sessuale in Italia: storia, vicende e pensiero dal 1901 ai nostri giorni. Milano, Giuffrè, 1979. 150 p.   HQ56.M34

1008. MAUTINO, FRANCO. L'ordinamento della scuola non statale. Roma, La nuova Italia scientifica, 1981. 237 p.   LAW

1009. MERLER, ALBERTO. Scienze sociali, scuola, occupazione. Napoli, Liguori, 1980. 229 p.   LC191.8.I8M47 1980

1010. Nuovo dizionario di pedagogia. Roma, Edizioni paoline, 1982. xxii, 1345 p.   LB15.N87 1982

1011. OSTENC, MICHEL. L'éducation en Italie pendant le fascisme. Paris, Publications de la Sorbonne, 1980. 422 p.   LA791.8.O87
                                                            1980

1012. PETRACCHI, GIOVACCHINO. Individualizzazione, classi aperte, interclasse. Brescia, La scuola, 1978. 252 p.   LA792.P428

1013. PICCIONI, LEONE. Maestri veri e maestri del nulla. Torino, Società editrice internazionale, 1979. 288 p.   DG451.P48

1014. PINTO MINERVA, FRANCA. L'alfabeto dell'esclusione: educazione, diversità culturale, emarginazione. Bari, Dedalo libri, 1980. 245 p.   LC191.8.I8P56

1015. PIRRO, UGO. Mio figlio non sa leggere. Milano, Rizzoli, 1981. 220 p.   PQ4876.I7M5

1016. RAICICH, MARINO. Scuola, cultura e politica da De Sanctis a Gentile. Pisa, Nistri-Lischi, 1982. 475 p.   LA791.7.R34 1982

1017. SAJEVA, BENEDETTO. Guida alla scelta della scuola secondaria superiore. Roma, La nuova Italia scientifica, 1980. 222 p.
LB1629.5.I8S24

1018. SANTELLI, LUISA. Pedagogia sociale e ricerca interdisciplinare. Brescia, La scuola, 1979. 219 p.   LC191.8.I8S26 1979

1019. SANTONI RUGIU, ANTONIO. Il professore nella scuola italiana: dal 1700 alle soglie del 2000. Firenze, La nuova Italia, 1981. 397 p.
LB2832.4.I8S26 1981

1020. La scuola secondaria: riforma, curricolo, sperimentazione. Bologna, Il mulino, 1981. 290 p.   LA796.S349 1981

1021. SERRAI, ALFREDO. Biblioteche e cataloghi. Firenze, Sansoni, 1983. 123 p.   Z693.S44 1983

1022. Il sistema formativo italiano. Roma, Istituto della Enciclopedia italiana, 1981. 386 p.   LA792.S62 1981

1023. STUMPO, FRANCESCO. Il riordinamento della docenza e la sperimentazione organizzativa e didattica nelle università. Rimini, Maggioli, 1980. 422 p.   LAW

1024. TALENTI, CARLO. Educazione linguistica: doppia lettura di un bilancio. Torino, Musolini, 1978. 183 p.   P41.T3

1025. TOMASI, TINA et al. La scuola secondaria in Italia (1859-1977). Firenze, Vallecchi, 1978. 290 p.   LA796.S348

1026. TRANIELLO, PAOLO. Regioni e biblioteche in Italia. Milano, Cisalpino-goliardica, 1977. 293 p.   Z678.8.I8T72

1027. VALITUTTI, SALVATORE. Scuola e lavoro. Roma, Cadmo, 1979. 141 p.   LC221.4.I8V34

1028. VALITUTTI, SALVATORE. La scuola fabbrica di disoccupazione. Milano, Pan, 1978. 231 p.   LC67.I8V34

1029. VOLPI, CLAUDIO. La pedagogia come sapere progettuale. Roma, Bulzoni, 1982. 155 p.   LC191.8.I8V64 1982

The Media

1030. Gli abbonamenti alle radiodiffusioni nel 1979. Torino, Radiotelevisione italiana, 1980. 245 p.   HE8700.9.I8A2

1031. American way of television: le origini della TV in Italia. Firenze, Sansoni, 1980. 118 p.   PN1992.3.I8A5

1032. ANELLI, MARIA TERESA et al. Fotoromanzo, fascino e pregiudizio: storia, documenti e immagini di un grande fenomeno popolare: 1946–1978. Roma, Savelli, 1979. 223 p.   PN6765.F67

1033. BALASSONE, STEFANO. Rai-Tv: l'autarchia impossible. Roma, Editori riuniti, 1983. 181 p.   HE8689.9.I8B34 1983

1034. BARBIELLINI AMIDEI, GASPARE. Carovana di carta. Milano, Rizzoli, 1978. 180 p.   HN490.M3B37 1978

1035. BECHELLONI, GIOVANNI. Modelli di cultura e classe politica: l'industria culturale in Italia tra bisogni di conoscenza e ipotesi di riforme. Roma, Officina, 1979. 189 p.   BN490.M3B43

1036. CALABRESE, OMAR. Come si vede il telegiornale. Roma and Bari, Laterza, 1980. viii, 157 p.   PN5247.T4C34

1037. CECCUTI, COSIMO. Il quotidiano ieri e oggi. Firenze, Uniedit, 1978. xii, 254 p.   PN5244.C4

1038. CESAREO, GIOVANNI. Fa notizia. Roma, Editori riuniti, 1981. 184 p.   HN490.M3C47 1981

1039. CHIARENZA, FRANCO. Il cavallo morente: trent'anni di Radiotelevisione italiana. Milano, Bompiani, 1978. 284 p.   HE8689.9.I8C48

1040. COLOMBO, VITTORINO. Antenne, nuovo potere. Firenze, Vallecchi, 1979. 207 p.   HE8689.9.I8C65

1041. Il decentramento radiotelevisivo in Europa: la terza rete Tv e la ristrutturazione della radiofonia pubblica in Italia. Milano, Angeli, 1980. 588 p.   HE8700.9.E8D434

1042. DEL BUONO, ORESTE. Album di famiglia della Tv: 30 anni di televisione italiana. Milano, Mondadori, 1981. 191 p.
PN1992.3.I8D44

1043. DE LUNA, GIOVANNI et al. La stampa italiana dalla Resistenza agli anni Sessanta. Roma and Bari, Laterza, 1980. 330 p.
PN5242.S86   vol. 5a   [PN5244]

1044. EHNMARK, ANDERS. Papatset: ett reportage fran Italien. Stockholm, Norstedt, 1979. 120 p.   DG581.E35

1045. FARASSINO, ALBERTO. Televisione e storia. Roma, Bulzoni, 1981. 80 p.   PN1992.8.H56F3

1046. FIORI, GIUSEPPE. Parole in Tv. Milano, Mondadori, 1979. 232 p.
DG581.F55

1047. FORATTINI, GIORGIO. Res publica. Milano, Mondadori, 1980. 189 p.   D849.5.F67

1048. FORATTINI, GIORGIO. Un'idea al giorno. Milano, Mondadori, 1978. 254 p.   DG581.F66

1049. FORATTINI, GIORGIO. Satyricon. Milano, Mondadori, 1982. 246 p.   D849.F67 1982

1050. GOLINO, ENZO. La distanza culturale: intellettuali, mass media, società. Bologna, Cappelli, 1980. 279 p.   HN490.M3G64

1051. GUAGNINI, ELVIO. Letteratura e giornale: note sull'informazione letteraria nel quotidiano agli inizi degli anni Settanta. Palermo, Palumbo, 1979. 211 p.   PN5247.L6G8

1052. L'impero di vetro: la prima grande indagine sulla Rai-Tv. Torino, Società editrice internazionale, 1978. 439 p.   HE8689.9.I8I48

1053. L'informazione negata: il fotogiornalismo in Italia, 1945–1980. Bari, Dedalo libri, 1981. 216 p.   TR820.I56 1981

1054. INVITTO, GIOVANNI et al. La mediazione culturale: riviste italiane del Novecento. Lecce, Milella, 1980. 293 p.   PN5247.P4M4

1055. LUCE, DINA. Bentrovati tutti. Milano, Garzanti, 1981. 333 p.
PQ4058.L82 1981

1056. MANACORDA, MARIO ALIGHIERO. Il linguaggio televisivo, ovvero, "La folle andiplosi." Roma, Armando, 1980. 167 p.
PN1992.8.L35M36

1057. MANGANO, ATTILIO. Origini della nuova sinistra: le riviste degli anni Sessanta. Messina and Firenze, D'Anna, 1979. 192 p.
HN490.R3M364

1058. MANNA, ELISA. Età evolutiva e televisione: livelli di analisi e dimensioni della fruizione. Torinno, ERI, 1982. 166 p.
PN1992.6.M36 1982

1059. MARTINELLI, FRANCO. Struttura di classe e comunicazione culturale. Napoli, Liguori. 1979. 201 p.   HN488.L37M37

1060. Meeting on television and circulation of programmes and ideas (1979: Lecce, Italy). Torino, ERI, 1980. 309 p.   PN4784.T4M4 1979

1061. Il mestiere di giornalista: sguardo sociologico sulla pratica e sulla ideologia della professione giornalistica. Napoli, Liguori, 1982. 308 p.   PN4797.M46 1982

1062. MONTELEONE, FRANCO. La radio italiana nel periodo fascista: studio e documenti, 1922–1945. Venezia, Marsilio, 1976. 394 p.   PN1991.3.I9M6

1063. MONTICONE, ALBERTO. Il fascismo al microfono: radio e politica in Italia (1924–1945). Roma, Studium, 1978. xii, 450 p.   HE8699.I8M66

1064. MOSCATI, ITALO. L'occhio androgino: tra cinema e televisione, la crisi della Rai-Tv. Roma, Bulzoni, 1982. 282 p.   PN1990.6.I8M64 1982

1065. PERINO, RENATO et al. L'alluvione cine-televisva: una sfida alla famiglia, alla scuola. Roma, Edizioni paoline, 1981.   PN1992.6.A44 1981

1066. Piccole antenne crescono: documenti, interventi e proposte sulla vita delle radio di movimento. Roma, Savelli, 1978. 141 p.   HE8699.I8P5

1067. PINI, MASSIMO. Memorie di un lottizzatore: venti mesi al vertice della Rai-Tv. Milano, Feltrinelli, 1978. 215 p.   HE8689.9.I8P56

1068. PINTO, FERNANDO. La radiotelevisione tra monopolio e pluralismo. Roma, Edizioni dell'ateneo, 1982. 165 p.   LAW

1069. Radiotelevisione pubblica e privata in Italia. Bologna, Il mulino, 1980. 493 p.   LAW

1070. Rai-Tv, il malinteso della riforma. Milano, Angeli, 1980. 209 p.   HE8689.9.I8R137

1071. ROVERA, GIULIETTA. Giornali, pubblica opinione, Medio oriente. Venezia, Marsilio, 1978. 170 p.   DS119.7.R68

1072. SELVA, GUSTAVO. Editoriali senza voce. Milano, Rusconi, 1981. 157 p.   MLCS 82–6841

1073. SELVA, GUSTAVO. Senza guinzaglio: Radiobelva n. 2. Milano, Rusconi, 1980. 295 p.   DG581.S45

1074. ZACCARIA, ROBERTO et al. Unposto nell'etere: le radio locali in Italia. Roma, Edizioni paoline, 1978. 293 p.

1075. ZUCCONI, GUGLIELMO. La macchina della verità. Milano, Vita e pensiero, 1980. vi, 394 p.   HN490.M3Z82

Science and Society

1076. ANGELINI, PIETRO et al. Studi antropologici italiani e rapporti di classe: dal positivismo al dibattito attuale. Milano, Angeli, 1980. 239 p.   GN17.3.I8S78

1077. BERLINGUER, GIOVANNI. La scienza e le idee. Roma, Editori riuniti, 1978. xi, 145 p.   Q127.I8B48

1078. BUSONI, MILA. Antropologia e cultura: questioni di antropologia culturale e didattica delle scienze storico-sociali. Milano, Emme, 1980. xiii, 352 p.   GN308.85.I8B87 1980

1079. COMAS, JUAN. La antropologia italiana a traves del istituto italiano di antropologia. Mexico, Universidad nacional autonoma de Mexico, 1978. 137 p.   GN2.I643C65

1080. GIORELLO, BIULIO. Paradossi e rivoluzioni: intervista su scienze e politica. Milano, Il saggiatore, 1979. vii, 149 p.   Q175.52.I77G56

1081. MUSIO, SAVINO. Antropologia e mondo moderno: analisi del rapporto interumano e razionalizzazione dell'esperienza nelle situazioni problematiche delle culture industriali. Milano, Angeli, 1978. 416 p.   H53.I8M87

1082. OLIVIERI, MASSIMO. Come leggere il territorio. Firenze, La nuova Italia, 1978. 123 p.   GF41.O44

1083. La ricerca scientifica in Italia. Roma, Presidenza del Consiglio dei ministri, Servizi informazioni e proprietà letteraria, 1977. 465 p.
Q180.I8I85 1977

1084. La scienza operaia contro lo Stato nucleare. Milano, Filorosso, 1979. 192 p.   HD9698.A2S34

1085. SEMERARI, GIUSEPPE et al. La scienza come problema: dai modelli teorici alla produzione di tecnologie: una ricerca interdisciplinare. Bari, De Donato, 1980. 210 p.   Q174.S34

The Arts

1086. ACOCELLA, ALFONSE. Complessi residenziali nell'Italia degli anni '70: dibattito e tendenze progettuali. Firenze, Alinea, 1981. 207 p.   NA7355.A26

1087. ANGELINI, FRANCA. Il teatro del Novecento da Pirandello a Fò. Roma and Bari, Laterza, 1976. 157 p.   PQ145.A64

1088. APOLLONIO, MARIO. Storia del teatro italiano. Firenze, Sansoni, 1981. 2 v.   PN2671.A82 1981

1089. Architettura italiana, 1950–1980. Napoli, Fiorentino, 1981. 66 p.
NA1118.A74 1981

1090. Architetture italiane degli anni '70. Roma, De Luca, 1981. 167 p.
NA1118.A75

1091. ARGENTIERI, MINO. L'occhio del regime: informazione e propaganda nel cinema del fascismo. Firenze, Vallecchi, 1979. 202 p.
PN1995.9.N36A73

1092. ARISTARCO, GUIDO. Guida al film. Milano, Fabbri, 1979. 317 p.
PN1997.8.A7

1093. ARISTARCO, GUIDO. Neorealismo e nuova critica cinematografica: cinematografia e vita nazionale negli anni Quaranta e Cinquanta tra rotture e tradizioni. Firenze, Nuova Guaraldi, 1980. 152 p.
PN1993.5.I88A79

1094. Arte astratta italiana, 1909–1959. Roma, De Luca, 1980. 174 p.
ND618.5.A2A77

1095. Arte italiana, 1960–1982. Milano, Arts Council of Great Britain, 1982. 285 p.   NX552.A1A73 1982

1096. L'avanguardia teatrale in Italia: (materiali 1960–1976). Torino, Einaudi, 1977. 2 v.   PN2684.A9

1097. AZZARONI, GIOVANNI. Tra riforme e compromessi: il teatro musicale in Italia tra il 1920 e il 1980. Bologna, Clueb, 1981. 264 p.
 ML290.5.A99 1981

1098. Babele: esperienze artistiche in Italia, 1950–1980. Venezia, Marsilio, 1982. x, 82 p. N6918.B26 1982

1099. BERNAGOZZI, GIANPAOLO. Il cinema corto: il documentario nella vita italiana dagli anni Quaranta agli anni Ottanta. Milano, Usher, 1980. 314 p. PN1995.9.D6B388 1980

1100. BERNAGOZZI, GIANPAOLO. L'immagine capovolta: dalla Resistenza alla neoresistenza. Bologna, Pàtron, 1979. 89 p.
 PN1995.9.D6B39

1101. BERNIERI, CLAUDIO. La canzone, la politica e la pietra: da Pietro Gori a Sanremo. Milano, Mazzotta, 1978. 191 p. ML3494.B47
 vol. 1

1102. BONETTI, MARIO. Cara gente di teatro. Milano, Pan, 1979. 142 p.
 PQ4145.B6

1103. BONFANTI, EZIO. Scritti di architettura. Milano, Clueb, 1981. 480 p. NA27.B66 1981

1104. BRAVO, GIAN LUIGI. Cultura poplare e beni culturali: porblemi di ricerca e documentazione. Torino. Tirrenia-stampatori, 1979. 221 p.
 DG442.B72 1979

1105. BRUNETTA, GIAN PIERO. Cinema perduto: appunti di viaggio tra film e storia. Milano, Feltrinelli, 1981. 252 p. PN1993.5.A1B78
 1981

1106. CACUCCI, FRANCESCO. Il prete nel cinema italiano dal 1945 a oggi. Bari, Ecumenica editrice, 1980. 243 p. PN1995.9.C52C3
 1980

1107. CANEVACCI, MASSIMO. Antropologia del cinema. Milano, Feltrinelli, 1982. 171 p. PN1995.C345 1982

1108. CARPITELLA, DIEGO et al. La musica in Italia: l'ideologia, la cultura, le vicende del jazz, del rock, del pop, della canzonetta, della musica popolare dal dopoguerra ad oggi. Roma, Savelli, 1978. 239 p. ML3660.M87

1109. Carrozzeria italiana: cultura e progetto. Milano, Alfieri, 1978. 137 p. TL255.C34

1110. CASATI, CARLO. Architettura sulle autostrade, edifici per mostre, chiese, ville, case nel verde: nuovi simboli e vecchie eredità vissute nell'oggi. Milano, Hoepli, 1980. 153 p. NA4303.I8C3 1980

1111. CIBOTTO, GIAN ANTONIO. Interventi sul teatro italiano contemporaneo. Preganziol, Matteo, 1979. iii, 241 p. PN2684.C45

1112. Il cinema italano degli anni '50. Venezia, Marsilio, 1979. 372 p.
 PN1993.5.I88C5673

1113.   COCCHIARA, GIUSEPPE. Il paese di Cuccagna e altri studi di folklore. Torino, Boringhieri, 1980. xii, 271 p.   GR71.C56 1980

1114.   COCCHIARA, GIUSEPPE. Storia del folklore in Italia. Palermo, Sellerio, 1981. 263 p.   GR176.C63 1981

1115.   CONFORTO, CINA et al. Il dibattito architettonico in Italia, 1945–1975. Roma, Bulzoni, 1977. 551 p.   NA1118.D49

1116.   Da abitazione a residenza: esperienze e progetti per l'architettura degli anni '80. Roma, Istituto Mides, 1979. 131 p.   NA7357.R65D3

1117.   DE FELICE, RENZO. Storia fotografica del fascismo. Roma and Bari, Laterza, 1981. xxviii, 395 p.   DG571.D36

1118.   DEL GUERCIO, ANTONIO. La pittura del Novecento. Torino, UTET, 1980. 241 p.   ND618.D44

1119.   DELLA FORNACE, LUCIANA. Il film in Italia: dalla ideazione alla proiezione: strutture e processi dell'industria cinematografica nazionale. Roma, Bulzoni, 1980. 222 p.   PN1993.5.I88D4 1980

1120.   DE LUIGI, MARIO. Cultura e canzonette. Milano, Gammalibri, 1980. 106 p.   ML3494.D4

1121.   DE LUIGI, MARIO. L'industria discografica in Italia. Roma, Latoside editori, 1982. 73 p.   HD9697.P563I82 1982

1122.   DE SETA, CESARE. L'architettura del Novecento. Torino, UTET, 1981. 317 p.   NA1118.D43

1123.   DE SETA, CESARE. La cultura architettonica in Italia tra le due guerre. Roma and Bari, Laterza, 1978. 2 v.   NA1118.D44 1978

1124.   FAYENZ, FRANCO. Musica per vivere. Roma and Bari, Laterza, 1980. 208   ML290.5.F4

1125.   FERRERO, ADELIO. Dal cinema al cinema: cronache di Tv, teatro, cinema (1960–1972). Milano, Longanesi, 1980. xxxv, 426 p.   PN1992.3.I8F4

1126.   Franco Albini, architettura e design, 1930–1970. Firenze, Centro Di, 1979. 184 p.   NA1123.A525A4 1979

1127.   GASPARI, MIMMA. L'industria della canzone. Roma, Editori riuniti, 1981. 146 p.   HD9697.P563I83

1128.   GIULIANI, GIANNA. La strisce interiori: cinema italiano e psicanalisi. Roma, Bulzoni, 1980. 123 p.   PN1995.G53

1129.   GROPPALI, ENRICO. L'ossessione e il fantasma: il teatro di Pasolini e Moravia. Venezia, Marsilio, 1979. 223 p.   PQ4145.G76

1130.   GUIDONI, ENRICO. L'architettura popolare italiana. Roma and Bari, Laterza, 1980. 286 p.   NA1111.G8

1131.   Immagini del teatro contemporaneo. Napoli, Guida, 1978. 400 p.   PN2684.I43

1132. KEZICH, TULLIO. Il dolce cinema. Milano, Bompiani, 1978. viii, 233 p.   PN1997.D563K49

1133. Libro bianco sul pop in Italia: cronaca di una colonizzazione musicale in un paese mediterraneo. Roma, Arcana, 1976. 172 p.
                                                                ML3660.L52

1134. Linee della ricerca artistica in Italia, 1960–1980. Roma, De Luca, 1981. 292 p.   N6918.L54

1135. LORI, SERGIO. Il romanzo del cinema italiano. Napoli, Società editrice napoletana, 1982. 260 p.   PN1993.5.I88L63 1982

1136. MANGO, LORENZO et al. Per un teatro analitico-esistenziale: materiali del teatro di ricerca. Torino, Studio forma, 1980. 198 p.
                                                                PN2684.M34

1137. MARAINI, DACIA. Fare teatro: materiali, testi, interviste. Milano, Bompiani, 1974. 415 p.·   PQ4873.A69Z82

1138. MINISSI, FRANCO. Conservazione dei beni storico-artistici e ambientali: restauro e musealizzazione. Roma, De Luca, 1978. 98 p.
                                                                N6911.M46

1139. MOSCATI, ITALO. La miseria creativa: cronache del teatro non garantito. Bologna, Cappelli, 1978. 177 p.   PN2684.M68

1140. NERVI, PIER LUIGI, JR. Pier Luigi Nervi. Bologna, Zanichelli, 1979. 215 p.   NA1123.N4A1 1979

1141. NICASTRO, ALDO. Il melodramma e gli italiani. Milano, Rusconi, 1982. 317 p.   ML1733.N48 1982

1142. La nuova enciclopedia della musica Garzanti. Milano, Garzanti, 1983. 1058 p.   ML100.N973 1983

1143. Progetto spettacolo: le proposte di riforma del Psi per cinema, musica, teatro. Venezia, Marsilio, 1979. 191 p.   PN2684.P37
                                                                      1979

1144. Pittura fantastica, oggi. Bari, Dedalo libri, 1979. 115 p.
                                                                ND618.P494

1145. PIVA, ANTONIO et al. L'architettura del lavoro: archeologia industriale e progetto. Venezia, Marsilio, 1979. 276 p.   NA6403.I8P58

1146. QUADRI, FRANCO. La politica del regista: teatro 1967–1979. Milano, Il formichiere, 1980. 2 v.   PN2684.Q28

1147. QUARGNOLO, MARIO. La censura ieri e oggi nel cinema e nel teatro. Milano, Pan, 1982. 198 p.   PN1994.A5T98 1982

1148. RICCIO, GIANCARLO. Percorsi del rock italiano, Milano, Il formichiere, 1980. 159 p.   ML394.R5

1149. RIVA, GIORGIO. Le sagre e le feste popolari italiane. Milano, Bibliografica, 1979. 243 p.   GT4852.A2R58

1150. SARTORIS, ALBERTO. La lunga marcia dell'arte astratta in Italia. Milano, All'insegna del pesce d'oro, 1980. 62 p.   N7432.5.A2S27

1151. Storia fotografica del lavoro in Italia, 1900–1980. Bari, De Donato, 1981. 333 p.   HD8487.S83 1981

1152. Utopia e crisi dell'antinatura: momenti delle intenzioni architettoniche in Italia: immaginazione megastrutturale dal futurismo a oggi. Venezia, La biennale di Venezia, 1979. 105 p.

                                                NA9053.M43U86

1153. Vivere architettando: miti, valori e ideologie tra autorappresentazione professionale e rappresentazione progettuale nel lavoro dei giovani architetti italiani formati nell'ultimo decennio: catalogo. Milano. Mazzotta, 1982. 205 p.   NA1118.V58 1982

1154. ZACCARIA, SANTE. Musica sacra in italia dal 1925 al 1975. Padova, Zanibon, 1975. 55 p.   ML3033.5.Z3

Language and Literature

1155. ADDAMO, SEBASTIANO. I chierici traditi: interventi sulla letteratura contemporanea. Catania, Pellicanolibri, 1978. 143 p.
PQ4088.A33

1156. BARBERI SQUAROTTI, GIORGIO. Poesia e narrativa del secondo Novecento. Milano, Mursia, 1978. 493 p.   PQ4087.83 1978

1157. Catalogo dell'editoria linguistica italiana. Roma, Bulzoni, 1981. xiv, 100 p.   Z7001.S65 1981 [P121]

1158. CIRCEO, ERMANNO. Da Croce a Silone. Roma, Edizioni dell'ateneo, 1981. 141 p.   PQ5902.A22C5

1159. COLUMMI CAMERINO, MARINELLA. I contemporanei. Palermo, Palumbo, 1979. 166 p.   DG451.C63

1160. CRUPI, PASQUINO. Letteratura ed emigrazione. Reggio Calabria, Casa del libro, 1979. 198 p.   PQ4086.C74

1161. DE MATTEIS, GIUSEPPE. Critica, poesia e comunicazione: letture di autori italiani. Pisa, Editrice tecnico-scientifica, 1978. 233 p.
PQ4088.D4

1162. DE MAURO, TULLIO. Idee e ricerche linguistiche nella cultura italiana. Bologna, Il mulino, 1980. 159 p.   P81.I8D4 1980

1163. DE MAURO, TULLIO. Linguaggio e società nell'Italia d'oggi. Torino, ERI, 1978. 153 p.   PC1087.M29

1164. DE MAURO, TULLIO and LODI, MARIO. Lingua e dialetti. Roma, Editori riuniti, 1979. 142 p.   PC1711.M3

1165. FERRETTI, GIAN CARLO. La letteratura del rifiuto e altri scritti sulla crisi e trasformazione dei ruoli intellettuali. Milano, Mursia, 1981. 424 p.   PQ4087.F4 1981

1166. GAZZOLA STACCHINI, VANNA. Letteratura e cultura dell'età presente. Roma and Bari, Laterza, 1980. 203 p.   PQ4088.G35

1167. GUGLIELMI, ANGELO. Carta stampata. Roma, Cooperativa scrittori, 1978. 132 p.   PQ4088.G83

1168. GRASSI, CORRADO. Dialettologia italiana. Torino, Tirrenia-stampatori, 1980. 176 p.   PC1714.G7 1980

1169. GRASSI, CORRADO. Teoria del dialetto: dialetto e spazio, dialetto e tempo: corso di dialettologia italiana. Torino, Giappichelli, 1979. xii, 112 p.   MLCM 80/104

1170. Letteratura italiana e culture regionali. Bologna, Zanichelli, 1979. 239 p.   PQ4053.R361.4

1171. LUPERINI, ROMANO and MELFI, EDUARDO. Neorealismo, neodecadentismo, avanguardie. Roma and Bari, Laterza, 1980. 159 p.
PQ4088.L83

1172. MARCONI, DIEGO. Dizionari e enciclopedie: filosofia del linguaggio. Torino, Giappichelli, 1982. 152 p.   P327.M294 1982

1173. PAPINI, MARIA CARLA. Il linguaggio del moto: storia esemplare di una generazione. Firenze, La nuova Italia, 1981. 172 p.
PQ4088.P33

1174. PAUTASSO, SERGIO. Anni di letteratura: guida all'attività letteraria in Italia dal 1968 al 1979. Milano, Rizzoli, 1979. 194 p.
PQ4088.P35

1175. I percorsi della nuova poesia italiana. Napoli, Guida, 1980. xxviii, 89 p.   PQ4113.P38

1176. PIEMONTESE, FELICE. Dopo l'avanguardia: interventi sulla letteratura (1968–1980). Napoli, Guida, 1981. 213 p.   PQ4088.P48
1981

1177. RICCIARDI, MARIO. La rivincita della letteratura: crisi, avanguardia, impegno. Torino, Stampatori università, 1979. 163 p.
PQ4088.R45

1178. ROMANO, MASSIMO. Gli stregoni della fantacultura: la funzione dell'intellettuale nella letteratura italiana del dopoguerra (1945–1975). Torino, Paravia, 1978. 214 p.   PQ4088.R6

1179. SARONNE, EDGARDO TITO. Viaggio nell'italiano popolare: strumenti per l'educazione linguistica. Bologna, Il mulino, 1981. 232 p.
PC1066.S24 1981

1180. STUSSI, ALFREDO. Studi e documenti di storia della lingua e dei dialetti italiani. Bologna, Il mulino, 1982. 304 p.   PC1075.S78
1982

1181. VALERI, MARIO. Letteratura giovanile e educazione. Firenze, La nuova Italia, 1981. 196 p.   PN1009.AlV28 1981

English-Language Works
(All Topics)

1182. AMOIA DELLA FAZIA, ALBA. The Italian theatre today: twelve interviews. Troy, N. Y., Whitston, 1977. xiii, 135 p.   PN2684.A55

1183. AMOROSO, BRUNO. Capitalism and state enterprises in Italy. Roma, Laterza, 1980. 2 v.   HC303.A46 1978

1184. ANDERSON BURTON. Vino: the wines and winemakers of Italy. Boston, Little, Brown, 1980. 568 p.   TP559.I8A57

1185. ARLACCHI, PINO. Mafia, peasants, and great estates: society in traditional Calabria. Cambridge, [England], Cambridge University Press. 1983. ix, 212 p.   HC307.C3A713 1983

1186. BALBO, LAURA. Women's studies in Italy. Old Westbury, N. Y., Feminist Press, 1982. 63 p.   HQ1181.I8B34 1982

1187. BARBAGLI, MARZIO. Educating for unemployment: politics, labor markets, and the school system—Italy, 1859–1973. New York, Columbia University Press, 1982. xiv, 414 p.   LA791.B3213 1982

1188. BELMONTE, THOMAS. The broken fountain. New York, Columbia University Press, 1979. xv, 151 p.   HN488.N3 B4

1189. BERLINGUER, ENRICO. After Poland: towards a new internationalism. Nottingham, Spokesman, 1982. 114 p.
HX315.7.A6B37 1982

1190. BERTELLI, LIDIO. Italy and its people: an annotated bibliography. Richmond, Clearing House on Migration Issues, 1979. xi, 180 p.
Z7165.I8B47 [HC305]

1191. BETHEMONT, JACQUES. Italy: a geographical introduction. London and New York, Longman, 1983.   DG430.2.B4713

1192. BIANCO, CARLA. Emigrazione: una ricerca antropologica. Bari, Dedalo libri, 1980. 189 p. (Text in Italian and English)
F159.R73B49

1193.   BONDANELLA, PETER E. Italian cinema: from neorealism to the present. New York, Ungar, 1983. viii, 440 p.   PN1993.5.I88B58 1982

1194.   BOSINELLI BOLLETTIERI, ROSA MARIA. The image of Italy in eight U. S. dailies. Bologna, Cooperativa libraria universitaria editrice, 1977. 178 p.   E183.8.I8I45

1195.   BOWMAN, ALFRED CONNOR. Zones of strain: a memoir of the early cold war. Stanford, Calif., Hoover Institution Press, 1982. xii, 175 p.   DG975.F855B68

1196.   BRIANI, VITTORIO. Italian immigrants abroad: a bibliography on the Italian experience outside Italy in Europe, the Americas, Australia, and Africa. Detroit, Ethridge Books, 1979. xlix, 119 p.   Z7165.I8B73 1979 [JV8131]

1197.   BRODY, ELAINE. The music guide to Italy. New York, Dodd, Mead, 1978. xvii, 233 p.   ML21.B783

1198.   BULL, GEORGE ANTHONY. Inside the Vatican. London, Hutchinson, 1982. 293 p.   DG800.B84 1982

1199.   CASSELS, ALAN. Italian foreign policy, 1918–1945: a guide to research and research materials. Wilmington, Del., Scholarly Resources, Inc., 1981. xi, 271 p.   Z6465.I8C37 1981 [DG498]

1200.   A century of economic and social development in Italy, 1861–1961. Roma, Istituto centrale di statistica, 1961. 71 p.   HC305 .I76 1961

1201.   CLARK, BURTON R. Academic power in Italy: bureaucracy and oligarchy in a national university system. Chicago, University of Chicago Press, 1977. xi, 205 p.   LB2341.8.I8C55

1202.   Contemporary Italian sociology: a reader. Cambridge [Eng.] and New York, Cambridge University Press, 1981. xiii, 233 p.   HM22.I55C66 1981

1203.   CORBELLINI, FRANCESCO et al. Power consumption and industrial development in southern Italy. Napoli, Isveimer, 1979. 64 p.   HD9502.I82P68

1204.   CORNELISEN, ANN. Strangers and pilgrims: the last Italian migration. New York, Holt, Rinehart, and Winston, 1980. xi, 304 p.   HN475.5.C67

1205.   COSTANZO, JAMES V. New neighbors, old friends: Morristown's Italian community, 1880–1980. Morristown, N. J., Morris County Historical Society, 1982. xii, 177 p.   F144.M9C67 1982

1206.   The culture of Italy: mediaeval to modern. Toronto, Griffin House, 1979. xii, 252 p.   DG441.C77

1207.   D'AMATO, ALFONSE. Report on earthquake reconstruction in Italy. Washington, D. C., U. S. Government Printing Office, 1981. 26 p.   TH1095.D33

1208.   DE GRAZIA, VICTORIA. The culture of consent: mass organization of leisure in fascist Italy. Cambridge [Eng.] and New York, Cambridge University Press, 1981. x, 310 p.   GV85.D43

1209.   DE SANCTIS, FILIPPO MARIO. Adult education in Italy. Prague, European Centre for Leisure and Education, 1981. 165 p.
          LC5256.I8D4 1981

1210.   DICKINSON, ROBERT ERIC. The population problem in Italy, an essay in social geography. Westport, Conn., Greenwood Press, 1976. xi, 116 p.   HC305.D5

1211.   Dictionary of Italian literature. Westport, Conn, Greenwood Press, xxvii, 621 p.   PQ4006.D45

1212.   DI FRANCO, ANTHONY MARIO. Italy, balanced on the edge of time. Minneapolis, Minn., Dillon Press, 1983. 127 p.
          DG441.D53 1983

1213.   DI PALMA, GIUSEPPE. Political syncretism in Italy: historical coalition strategies and the present crisis. Berkeley, Institute of International Studies, University of California, 1978. vi, 58 p.
          JN5651.D47

1214.   DI PALMA, GIUSEPPE. Surviving without governing. The Italian parties in parliament. Berkeley, California, University of California Press, 1977. xvi, 299 p.   JN5651. D48

1215.   DI STASI, LAWRENCE. Mal occhio (evil eye), the underside of vision. San Francisco, North Point Press, 1981. 159 p.
          GN475.6.D5

1216.   FERRAROTTI, FRANCO. An alternative sociology. New York, Irvington Publishers, 1979. 200 p.   HM59.F41313

1217.   FRASER, JOHN. Italy, society in crisis, society in transformation. London, Routledge & Kegan Paul, 1981. vii, 307 p.   HN475.5.F7

1218.   GABACCIA, DONNA R. From agrotown to tenement: migration and Sicilian social life. Albany, State University of New York Press, 1984. xxi, 174 p.   F128.9.I8C32 1984

1219.   GATT-RUTTER, JOHN. Writers and politics in modern Italy. New York, Holmes Meier Publishers, 1978. vii, 66 p.   PQ4088.G3
          1978b

1220.   GAULT, HENRI. The best of Italy. New York, Crown Publishers, 1984. xi, 412 p.   TX910.I8G3813 1984

1221.   GLYNN, JOSEPH MARTIN. Manual for Italian genealogy. Newton, Mass., Italian Family History Society, 1981. 1 v. (various pagings).
          CS754.G58 1981

1222.   Gramsci and Italy's passive revolution. London, Croom Helm, 1979. 278 p.   HC305.G67 1979

1223.   GRILLI, ENZO R. The political economy of protection in Italy: some empirical evidence. Washington, D. C., World Bank, 1983. 32 p.   HF2126.G74 1983

1224.   GURZAU, ALBA F. Folk dances, costumes and customs of Italy. Philadelphia, Gurzau, 1981. 128 p.   GV1655. G87 1981

1225.   HANNE, MIKE. A checklist of serials relating to Italian language, literature and culture held by libraries in Australia and New Zealand. Auckland, N. Z., Auckland University Library, 1980. 51 p.
Z2355.A2H35 [PC1001]

1226.   HAUSER, ERNEST O. Italy, a cultural guide. New York, Atheneum, 1981. x, 276 p.   DG441.H38 1981

1227.   HOFFMAN, ELIZABETH NEWELL. The sources of morality changes in Italy since unification. New York, Arno Press, 1981. xxiv, 285 p.   HB1429.H63 1981

1228.   HUGHES, HENRY STUART. Prisoners of hope: the silver age of the Italian Jews, 1924–1974. Cambridge, Mass., Harvard University Press, 1983. viii, 188 p.   DS135.I8H83 1983

1229.   In Italy: postwar political life: interviews with Andreotti, Nenni, Terracini, Spriano, La Malfa, Lama, Saraceno, Carli. New York, Karz Publishers, 1981. 189 p.   DG577.I55

1230.   IORIZZO, LUCIANO J. The Italian Americans. Boston, Twayne, 1980. 348 p.   E184.I8I55 1980b

1231.   The Italians: history, art, and the genius of a people. New York, Abrams, 1983. 421 p.   DG441.I86 1983

1232.   Italy in the 1980's: paradoxes of a dual society: papers from a conference held in San Francisco, April 24–25, 1981. San Francisco, Frank V. de Bellis Collection of the California State University, 1983. xv, 107 p.   DG581.I83 1983

1233.   Italy in transition: conflict and consensus. London and Totowa, N. J., Cass, 1980. 186 p.   JN5451.I88

1234.   JANSEN, CLIFFORD J. Fact book on Italians in Canada. Toronto, Ont., York University, 1981. 85 p.   F1035.I8J36 1981

1235.   KATZ, ROBERT. Days of wrath: the ordeal of Aldo Moro, the kidnapping, the execution, the aftermath. Garden City, N. Y., Doubleday, 1980. xxvii, 326 p.   DG579.M63K37

1236.   KERTZER, DAVID I. Comrades and Christians: religion and political struggle in Communist Italy. Cambridge [Eng.] and New York, Cambridge University Press, 1980. xxiii, 302 p.   HX289.K47

1237.   LANGE, PETER MICHAEL. Unions, change and crisis; French and Italian union strategy and the political economy, 1945–1980. London, Allen and Unwin, 1982. viii, 295 p.   HD6684.L185 1982

1238.   LA PALOMBARA, JOSEPH G. The Italian labor movement, problems and prospects. Westport, Conn., Greenwood Press, 1982. 192 p.   HD6709.L23 1982

1239.   LA PALOMBARA, JOSEPH G. Multinational corporations and national elites: a study in tensions. New York, Conference Board, 1976. xi, 124 p.   HD2809.L35

1240.   LEBANO, EDOARDO A. Buon giorno a tutti!: first-year Italian. New York, Wiley, 1983. xiii, 452 p.   PC1128.L42 1983

1241.   LEWANSKI, RUDOLF. Guide to Italian libraries and archives. New York, Council for European Studies, 1979. ii, 101 p.   Z809.A1L48

1242.   Little Italies in North America. Toronto, Multicultural History Society of Ontario, 1981. 210 p.   E184.I8L57 1981

1243.   Little Italy, Cleveland, Ohio: our roots, your roots, our home, your home, family, friends, neighbors, 1880–1982. Mentor, Ohio, J. A. Pignataro, 1983. 290 p.   F499.C69I86 1983

1244.   LIVI BACCI, MASSIMO. History of Italian fertility during the last two centuries. Bologna, Il mulino, 1980. 397 p.   HB1009.L5916

1245.   LONGOBARDI, CESARE. Land-reclamation in Italy: rural revival in the building of a nation. New York, AMS Press, 1975. xii, 243 p.
                                                        HD1970.L62 1975

1246.   LOUBÈRE, LEO A. The red and the white: a history of wine in France and Italy in the nineteenth century. Albany, State University of New York Press, 1978. xx, 401 p.   HD9385.F8L68 1978

1247.   MERLONGHI, FERDINANDO. Oggi in Italia: a first course in Italian. Boston, Houghton Mifflin, 1982. xiii, 432 p.   PC1112.M4
                                                                    1982

1248.   MICHAELIS, MEIR. Mussolini and the Jews: German-Italian relations and the Jewish question in Italy, 1922–1945. New York, Oxford University Press, 1978. xii, 472 p.   DS135.I8M4

1249.   MINGIONE, ENZO. Social conflict and the city. New York, St. Martin's Press, 1981. 207 p.   HT111.M55 1981

1250.   MURRAY, WILLIAM. Italy, the fatal gift. New York, Dodd, Mead and Co., 1982. xiv, 256 p.   DG451 M87 1982

1251.   NELLI, HUMBERT S. From immigrants to ethnics: the Italian Americans. New York, Oxford University Press, 1983. viii, 225 p.
                                                        E184.I8N44 1983

1252.   The new Italian poetry, 1945 to the present: a bilingual anthology. Berkeley, University of California Press, 1981. xvii, 483 p.
                                                                PQ4214.N4

1253.   OSSOLA, RINALDO, et al. The role of export credits in Italy's foreign trade. Napoli, Isveimer, 1978. 75 p.   HG3754.I8R64

1254. Pane e lavoro, the Italian American working class, proceedings of the Eleventh Annual Conference of the American Italian Historical Association held in Cleveland, Ohio, October 17 and 28, 1978 at John Carroll University. Toronto, Multicultural History Society of Ontario, 1980. xiii, 176 p.   HD8081.I8A65 1978

1255. PEARLIN, LEONARD IRVING. Class context and family relations: a cross-national study. Boston, Little, Brown, 1971. xv, 224 p.
          HQ629.P37

1256. PELL, CLAIBORNE. Italy at a critical crossroads in her history: a report. Washington, U. S. Government Printing Office, 1977. vii, 20 p.   DG577.P39

1257. PISANO, VITTORFRANCO. Contemporary Italian terrorism: analysis and countermeasures. Washington, Library of Congress, Law Library, 1979. iv, 185 p.   HV6433.I8P57

1258. PISANO, VITTORFRANCO. Italian communism and NATO. Washington, Georgetown University, 1977. 18 p.   HX289.P57

1259. PISANO, VITTORFRANCO. The Red Brigades: a challenge to Italian democracy. London, Institute for the Study of Conflict, 1980. 19 p.
          D839.3.C6 no. 120 [HX289]

1260. PONS, VITTORIO. The long-term strategy of Italy's communists. London, Institute for the Study of Conflict, 1977. 15 p.
          D839.3.C6 no. 87 [HX289]

1261. PORTER, WILLIAM EARL. The Italian journalist. Ann Arbor, University of Michigan Press, 1983. xii, 233 p. `   PN5244.P67 1983

1262. PRIDHAM, GEOFFREY. The nature of the Italian party system: a regional case study. New York, St. Martin's Press, 1981. 283 p.
          JN5655 1981.P74

1263. The prospective enlargement of the European Community and the interests of the south of Italy. Naples, Isveimer, 1978. 227 p.
          HC241.2.P69

1264. Regional-national econometric modeling with an application to the Italian economy. London, Pion, 1978. 203 p.   HC305.R34

1265. Report on Italian universities. New York, International Council on the Future of the University, 1981. 50 p.   LA797.5.I46 1981

1266. Risk assessment for Italy. Washington, Blackstone Associates, 1978. iii, 143 p.   HV6433.I8B57 1978

1267. RODGERS, ALLAN. Economic development in retrospect: the Italian model and its significance for regional planning in market-oriented economies. Washington, V. H. Winston, 1979. xv, 206 p.
          HC305.R553

1268. RUOCCO, DOMENICO. Population changes between 1951 and 1971. Roma, Consiglio nazionale delle ricerche, 1980. Map 48 × 40 cm.   G6711.E24 1971.R8

1269. SIMON, KATE. Italy: the places in between. New York, Harper &
       Row, 1984. x, 331 p.   DG416.S47 1984

1270. SMITH, CATHERINE DELANO. Western Mediterranean Europe: a
       historical geography of Italy, Spain, and southern France since the
       Neolithic. New York, Academic Press, 1979. xix, 453 p.
                                                         D974.S64

1271. SPAVENTA DE NOVELLIS, LYDIA. Annotated bibliography on lei-
       sure: Italy (1955–1974). Prague, European Centre for Leisure and
       Education, 1975. 65 p.   GV85.S57

1272. Taxation in Italy. New York, Deloitte Haskins and Sells, 1983. viii,
       71 p.   LAW

1273. TEZZINI, WILMA. Italy 1983/84. New York, Fisher Travel Guides,
       1983.   DG416.T43 1983

1274. Third World policies of industrialized nations. Westport, Conn.,
       Greenwood Press, 1982. xix, 282 p.   HF1413.T49 1982

1275. THOMPSON, STEPHANIE LINDSAY. Australia through Italian
       eyes: a study of settlers returning from Australia to Italy. New York,
       Oxford University Press, 1980. xxi, 271 p.   DU122.I8T48

1276. TOMALIN, MARGARET. The fortunes of the warrior heroine in
       Italian literature: an index of emancipation. Ravenna, Longo
       editore, 1982. 233 p.   PQ4053.H47T65 1982

1277. VANNICELLI, PRIMO. Italy, NATO, and the European Commu-
       nity: the interplay of foreign policy and domestic politics.
       Cambridge, Mass., Center for International Affairs, Harvard Uni-
       versity, 1974. x, 67 p.   N6918.W3 1982

1278. WEST, T. W. A history of architecture in Italy. London, University
       of London Press, 1968. xxv. 230 p.   NA1111.W4

1279. WHITE, CAROLINE. Patrons and partisans: a study of politics in
       two southern Italian comuni. Cambridge, [Eng.] and New York,
       Cambridge University Press, 1980. xii, 196 p.   JS5727.W48

1280. WITCOMBE, RICK TRADER. The new Italian cinema: studies in
       dance and despair. New York, Oxford University Press, 1982. x,
       294 p.   PN1993.5.I88W57 1982

Author Index

Subject Index